县域经济可持续发展研究

胡亚兰 著

北京工业大学出版社

图书在版编目（CIP）数据

县域经济可持续发展研究 / 胡亚兰著． — 北京：北京工业大学出版社，2021.5
　ISBN 978-7-5639-7981-3

　Ⅰ．①县… Ⅱ．①胡… Ⅲ．①县级经济－经济可持续发展－研究－中国 Ⅳ．①F127

中国版本图书馆 CIP 数据核字（2021）第 111463 号

县域经济可持续发展研究
XIANYU JINGJI KECHIXU FAZHAN YANJIU

著　　　者：	胡亚兰
责任编辑：	李　艳
封面设计：	知更壹点
出版发行：	北京工业大学出版社
	（北京市朝阳区平乐园 100 号　邮编：100124）
	010-67391722（传真）　bgdcbs@sina.com
经销单位：	全国各地新华书店
承印单位：	北京亚吉飞数码科技有限公司
开　　　本：	710 毫米×1000 毫米　1/16
印　　　张：	10.75
字　　　数：	215 千字
版　　　次：	2022 年 7 月第 1 版
印　　　次：	2022 年 7 月第 1 次印刷
标准书号：	ISBN 978-7-5639-7981-3
定　　　价：	69.00 元

版权所有　翻印必究

（如发现印装质量问题，请寄本社发行部调换 010-67391106）

作者简介

胡亚兰，女，1982年4月出生，河南省郑州市人，毕业于华北水利水电学院（现为华北水利水电大学），硕士学历，现任职于中原科技学院，副教授、中级会计师。主要研究方向：县域经济、企业管理。主持的课题主要有"新形势下河南省民营经济转型发展研究"（一等奖）、"'省直管县'与我省县域经济体制创新研究"、"我省'省直管县'体制改革对县域企业发展的影响"、"新常态下河南经济增长动力转换研究"、"城市水务产业投融资模式研究"、"基于产教融合的应用型人才培养研究"（三等奖）、"建设现代职业教育体系研究"等。论文代表作有《"省直管县"体制改革对河南省县域经济发展的影响》《不同税务会计模式视同销售账务处理比较》《持有至到期投资后续计量的所得税差异分析——以平价到期一次还本付息债券为例》《例解存货跌价准备转销对所得税差异的影响》《构建产教协同的现代职业教育体系的对策研究——基于河南省现状》《基于产教协同的应用型财务管理人才培养的顶层设计》等。

前　言

县域经济作为国民经济的重要组成部分，对我国国民经济的发展起到了一定的推动作用，只有各个县域的经济得到有效的可持续发展，才能够保障我国国民经济的稳定发展。县域经济在逐渐发展的同时也存在着各种各样的问题，基于县域经济可持续发展中存在的问题，制定适当的政策措施，是保持县域经济可持续发展的重要保障。

全书共六章。第一章为绪论，主要阐述了县的概念及历史沿革、县域经济的主要特征、县域经济可持续发展的影响因素、加强县域经济可持续发展的意义四部分内容；第二章为县域经济发展的理论依据，主要阐述了区位理论、产业集群理论、比较优势理论、区域经济发展增长论、发展阶段论、可持续发展理论六部分内容；第三章为县域经济可持续发展的规划，主要阐述了县域农业可持续发展规划、县域工业可持续发展规划、县域旅游业可持续发展规划、县域服务业可持续发展规划四部分内容；第四章为县域经济可持续发展的金融支持，主要阐述了县域经济可持续发展中金融支持的现状和增强县域经济金融支持的对策两部分内容；第五章为县域经济可持续发展的路径，主要阐述了县域经济可持续发展的技术创新路径、县域经济可持续发展的模式选择、县域经济可持续发展的战略选择三部分内容；第六章为县域经济可持续发展的实证分析——以河南省为例，主要阐述了河南省县域经济的发展历程、河南省县域经济可持续发展模式、河南省县域经济可持续发展现状、河南省县域经济存在的问题与对策四部分内容。

为了确保本书研究内容的丰富性和多样性，作者在写作过程中参考了大量理论与研究文献，在此向涉及的专家、学者表示衷心的感谢。

本书为河南省教育厅人文社会科学研究一般项目"河南省县域经济高质量增长的动力、模式及对策研究"（2020-ZZJH-221）的研究成果。

最后，限于作者水平，加之时间仓促，书中难免存在一些疏漏，在此，恳请读者朋友批评指正！

目 录

第一章 绪论……………………………………………………………1
    第一节 县的概念及历史沿革………………………………………1
    第二节 县域经济的主要特征………………………………………10
    第三节 县域经济可持续发展的影响因素…………………………16
    第四节 加强县域经济可持续发展的意义…………………………22

第二章 县域经济发展的理论依据……………………………………27
    第一节 区位理论……………………………………………………27
    第二节 产业集群理论………………………………………………28
    第三节 比较优势理论………………………………………………36
    第四节 区域经济发展增长论………………………………………39
    第五节 发展阶段论…………………………………………………40
    第六节 可持续发展理论……………………………………………46

第三章 县域经济可持续发展的规划…………………………………50
    第一节 县域农业可持续发展规划…………………………………50
    第二节 县域工业可持续发展规划…………………………………68
    第三节 县域旅游业可持续发展规划………………………………74
    第四节 县域服务业可持续发展规划………………………………80

第四章 县域经济可持续发展的金融支持……………………………85
    第一节 县域经济可持续发展中金融支持的现状…………………85
    第二节 增强县域经济金融支持的对策……………………………96

第五章 县域经济可持续发展的路径·······················112
第一节 县域经济可持续发展的技术创新路径·············112
第二节 县域经济可持续发展的模式选择·················120
第三节 县域经济可持续发展的战略选择·················126

第六章 县域经济可持续发展的实证分析——以河南省为例·····133
第一节 河南省县域经济的发展历程·····················133
第二节 河南省县域经济可持续发展模式·················135
第三节 河南省县域经济可持续发展现状·················137
第四节 河南省县域经济存在的问题与对策···············146

参考文献··162

第一章 绪 论

县域是上连接省市、下承接乡镇的关键环节，它不仅具有文化、政治等重要功能，更是发展经济、保障民生、维护稳定、促进国家长治久安的重要基础。若仅从经济角度而言，县域经济虽然是相对微观的经济单位，却是"麻雀虽小、五脏俱全"的完整经济系统，而县域经济发展如何将直接关乎整个国民经济的发展。本章主要由县的概念及历史沿革、县域经济的主要特征、县域经济可持续发展的影响因素、加强县域经济可持续发展的意义四部分组成，主要包括基本概念、历史沿革、独立性、开放性、特色性、不平衡性、区域性、综合性、多样性、连续性、互动性、自然禀赋对县域经济的影响等内容。

第一节 县的概念及历史沿革

一、基本概念

（一）县的概念

在我国的行政区划中，把介于省市、地级市和乡镇之间，具有衔接城乡发展作用的地区统称为"县"。"县"这一行政单元主要包括县、县级市、自治县等，它是我国经济和社会发展中最基本的行政单元。我国的县制较为稳定，并未随着漫长的历史演化发生过多改变，因此，县一级的地方行政区划范围较为稳定。

县级行政单元作为我国工业与农业、城市与农村的融合地带，能够为区域中心城市的发展提供巨大的资金、土地、劳动力等资源支撑，是我国统筹城乡地区发展的一个关键着力点。社会的发展离不开经济的发展，县级行政单元内的经济是我国区域经济的重要组成部分，它为城市的高效运转提供了必不可少的物质支持和基础保障。离开县级行政单元谈发展，则区域经济的发展便会是无源之水、无本之木。

（二）县域的概念

"县域"，即县级行政区域，它是以县城为核心、中心镇为亚核心，与行政村、自然村所构成的等级有序的完整社会系统。"县域"是一个具有深厚历史传统的区域概念，同时也是一个具有研究价值的学术概念。近年来，越来越多的研究认为，县级城市对农村发展和农民生活水平提高发挥着重要作用，并且这种作用还在不断增强。县域的重要性在现代化发展过程中不断凸显，因此我们需要重新拾起县域现代化理论视角对当前问题进行深入研究。

中国社会科学院社会学所王春光研究员认为，在现代化发展过程中，县域发挥的作用将越来越重要。他从理论层面发掘、建构县域社会的价值，认为县域社会蕴含着丰富的社会学内涵，能为中国社会学的研究提供丰富的思想资源，主张把县域社会作为中国的基层社会进行研究。他从历史基础和现实基础两个角度进行论证说明。他看到了乡镇政府财政和决策体制存在的局限性，乡镇政府虽然在制度设置上是最基层的行政机关，但在实际运作过程中其财政权和决策权并不够独立、完整，在很大程度上受到县级政府的节制，对基层民众起到实质性影响的是县级政府。当前，随着交通与通信技术的进步，人们在超出其所在农村社区甚至所在乡镇的县域层面开展日常活动。

县域社会是一个独立的社会系统，能基本满足人们的生产、生活、发展、消费等需求。无论是从历史传统还是从现实角度看，县域社会都是名副其实的基层社会，县域范围内的乡镇街道、村落社区等都是构成县域这一基层社会的分子或因素。县域社会可以作为独立的基层社会是有充分理由的。县域作为基层社会具有丰富的社会价值，城市化、工业化、市场化及由此而来的社会流动和开放进一步强化了县域社会形态。县域突破了乡村的封闭性，可以发挥桥梁纽带作用以连接广大乡村与外部社会。县域社会具有城乡交融性，乡村性与城市性这对相抵牾的概念在县域社会可以共存、交融。县城是县域社会的核心，县城与县域范围内的村镇构成一个完整的社会系统。

（三）县域经济的概念

在县域概念的理解上，有国外学者认为县域在中国是最稳定的行政单位，变动性比较小，是中国政府管理的基础。的确如此，县域是我国最基本的行政单元和经济单位，通常用"麻雀虽小、五脏俱全"来生动描述县域比较全面的管理职能，涵盖了广泛的政治、社会和经济等职能，具有独立性和开放性。

县域经济的内涵，一般来说，可以包含以下几方面：第一，县域经济是基于县域行政范围内的区域经济，通常以县城驻地为中心，延伸至镇、村；第二，县域经济作为一种典型的区域经济，具有明显的地方特色，紧紧依托自身的资源禀赋、地理区位、文化底蕴和内涵、发展基础和条件等因素而存在和发展；第三，县域经济依托县域而存在，是一种功能完备的综合经济系统，包含各种第一、第二和第三产业类型，涉及经济运行的各个环节；第四，县域经济的发展立足于县城但不局限于县城，是一个开放的系统，能对周边地区甚至更广阔的区域形成辐射并产生联系，因而，能在市域、省域范围内产生较大的影响，成为经济发展的"新引擎"和"助推器"。由此可见，县域经济在国民经济体系中有着举足轻重的作用，是国家经济发展和社会稳定的重要基础。

县域是联系我国城乡经济的重要地带，以县市为中心、乡镇为纽带的县域地区经济综合体即为县域经济。县域经济对小城镇的发展具有重要的引领作用，能够促进产业和人口的集聚；县域产业的集聚是转化农村剩余劳动力、提升农民收入、提升县域人民生活质量的一种重要手段。

我国城乡区域经济发展水平差距较大，作为地区范围内统筹安排自然、社会、生态、环境等要素的综合经济体，县域经济的繁荣能够消除我国城乡差异，统筹城乡发展，促进我国经济向高质量、全方位发展。

县域经济是整个国民经济大系统中的小系统，其概念和内容本身经历了一个长期的发展过程。关于县域经济的含义，国内学界有诸多学者对它进行过界定。例如，1987年，学者周志纯认为："县域经济的概念不是一个行政区划的概念，而是长期发展自然形成的一种地域性的经济，是社会主义商品经济的综合体。"这可能是国内学界对"县域经济"最早的定义，包括非行政区划、地域性和商品经济三个方面。这种界定无疑具有明显的时代烙印，当时改革开放时间不长，全国仍处于经济上的"大一统"状态，建立社会主义市场经济体制的实践更没有全面展开。随着改革的深入、学术研究的深化，"县域经济"的内涵逐渐明晰起来，越来越趋向于被理解为在县行政区划的特定地理空间内的区域经济。

综合来看，县域经济就是以行政县为特定区域，以县级财政的独立为标志，以县级区域内所拥有的各种资源为基础，以市场需要为导向，并以特定县之下的镇、乡、村各层次的经济元素间的互动为基本结构，通过人力资源、资金、物质、信息等生产要素的交流互换，从而具有整体功能的经济系统。

二、历史沿革

（一）县制起源

据史书记载，我国的县制起源于春秋，推广于战国，定制于始皇。公元前688年，楚文王灭掉申国之后，在申国原址设县。这标志着我国县制的真正开始。以后，一些诸侯大国如晋、秦、楚等都把新兼并的土地设为"县"。县大多设在各国边境地区。战国早期，郡比县的辖区宽广，但经济开发程度不如县，地位没有县重要，长官职位也低。公元前221年，秦始皇吞灭六国，统一中国，彻底废除分封制，实行中央集权制。同年，秦始皇总结完善春秋战国时期的行政管理制度，将天下分为36郡，后随着疆域的拓展增至48郡，郡下设若干县。在之后两千多年的历史中，不论朝代怎样更迭，行政区划怎样调整，县作为一级行政机构，始终没有废除过。

（二）县域的发展

1. 县域城市化

在县域城市化方面，首先，县域城市化的道路交通建设将县城规模向外拓展，将县城的功能影响辐射全域，使得乡村与县城的时间及空间距离都大大缩短。家庭非农业态的选择通过道路交通的发展被大大拓宽。其次，城市建设与扩张不仅给农民工返乡就业提供了机会，同时也给农民就地转变为本地农民工提供了机会，即给本地农村家庭提供了非农业态选择的机会。最后，县城是距离农村最近的城市，是农村人最具性价比的选择。这种在县城买房定居实现城市梦的方式，促使家庭拓展非农业态的经营，从事非农就业，采取与"市民"相符合的生产生活方式。"离土"的多元业态经营成为家庭走向城市的必然选择。

（1）通往城市的路

城乡的连接通过道路得以实现，道路像血管一样将各个部分与县城这颗"心脏"相连接，实现资源、信息、技术、观念等的流动和交换。道路交通是乡村脱离闭塞、穷困、落后的必不可少的基础性条件，乡村通过便捷的道路交通能够快速高效地与城市连接，将农副产品输送到城市并且接收城市的发展资源及先进的技术和经验。在乡村建设发展中，"要想富先修路"观念早已深入人心，"村村通"工程就是农村脱贫致富的重点工程，交通对地方发展起到至关重要的影响。乡村振兴战略的实施，让标准的硬化路下沉到每一村的家门口，实现几乎覆盖全县域的交通网。县域道路的升级，使得来往城乡的货运、公交增加，运输能力增强。直通县城的新道路的开辟，使得同样的交通工具花费的时间大大缩短。交通的便捷使得家庭在经营土地之外的可能性大大拓展，居住在农村却并不受乡村的限制，拥有土地却也不受土地的限制。道路交通的发展使得城市的辐射影响扩大到大部分的县域，为农村家庭的多元业态经营奠定了基础。

（2）城市扩张

城市化建设与扩张，为返乡农民工提供了就近务工的机会，使返乡农民工很快就能和城市对接起来。他们的工作内容在返乡前后变化不大，但生活环境却有了很大改善。城市化不仅为返乡农民工，也为从未外出务工的农民提供了打工的机会。农村有一部分人由于各种原因几乎没有外出打工或者只有短暂的外出打工，一直在家从事农副业营生，而县城的城市化工程建设为他们提供了工作机会。他们外出务工的经验不足，也不愿去外地打工，既想提高家庭经济收入又想经营自家的土地，进县城务工是这类家庭理想的业态选择。他们可以不脱离家乡也能参与城市化工程建设，在务工的同时还能经营土地。家庭的劳动力投入虽然在农业上减少，但家庭的收入渠道得到拓宽，收入水平较原先甚至有所提高。

2. 县域工业化

在县域工业化方面，首先，轻工业产业园的发展提供了大量适合女性的就业岗位，女性拥有和男性一样体面的工作。家庭既往性别分工发生变化，以性别分工为基础的半工半耕的家庭经营模式发生解体。不只女性脱离农业，家庭中的劳动力都可以脱离农业，农业不再是家庭的必要经营业态，家庭可以实现非农业态的多元化。其次，土地的规模化经营，为延长产业链获得更高的农业经营收益创造了条件。种植大户的家庭农场经营不再是纯农业经营业态，而是工业产业相结合的经营业态。小农户家庭劳动力可以从农业中抽身出来投入其他业态经营中。

（1）产业园

城市的工业化建设提供的非农就业岗位，让农村家庭中的女性可以摆脱土地，摆脱农民的身份，获得一份体面的可支配的"上班"收入，为家庭的生计安排做出看得见的贡献，同时这也意味着家庭可以摆脱农业业态的经营。城市的工业化，特别是轻工业的发展，使得农村女性可以脱离土地参加工业生产获取劳动报酬，她们可以像城里人那样"上班"，半工半耕的性别分工基础发生转变，家庭经营业态发生调整。女性即便在农村，也可以脱离农业耕种从事非农业态经营。

（2）产业链

农产品产业链的延伸促进了农业与工业产业相结合的经营业态的发展。农业的机械化耕作大大提高了农业生产效率，特别是在以粮食作物为主要种植类型的地区优势更加明显。机械化耕作的优势主要表现在不需要太多的劳动力投入，节省了劳动力成本，依靠家庭劳动力就可以在机械化的条件下进行大规模的土地耕种。种植大户的耕作是商品化规模化经营而非劳动密集型的经济作物的精细化管理经营，凭借机械化设备依靠家庭劳动力就可以经营；小农户虽然耕种的土地规模较小，但凭借购买的机械化服务，仍然可以依靠家庭劳动力实现耕种。小农户缺乏机械化设备需要依托大户的机械化设备进行耕作，因此小农户的生产耕作都是按照大农户的经营节奏进行的，比如大户在对某地块进行收割耕种时，小农户就购买大户的机械化服务，依靠大户的机械化力量耕作自己的小块土地，将秸秆等农产品剩余交给大户集中处理以抵消部分服务费用，借助大户的销售体系直接对接工厂减轻自身操劳。实际上，村子里大部分的土地依靠这种形式实现了整体上的规模化统一化经营。规模化统一化经营能够发展涉农工业企业，从而实现对农产品的高效利用，开办的企业类型是农产品加工工厂和农作物秸秆加工厂，比如面粉厂、饲料厂及有机肥厂等，这些工厂都是依靠规模化统一化的农业经营所提供的持续的原材料供应和较低的运营成本而兴办起来的。

种植大户利用其机械化规模化农业经营优势，将其种植的粮食经过工厂加工转化成面粉或者饲料，将农作物秸秆转化成有机肥料，延长了农业的产业链，提高了农产品附加值。农业加工工厂的开办，既为本地居民提供了就业岗位，又推动了农业现代化的发展。小农户家庭的农业经营业态虽然成本得到减轻，但相比非农业态的经营收益较低，因此反而使得家庭劳动力可以从农业中抽身出来投入非农业态经营中去。农业业态的延伸，意味着种植大户的家庭农场经营不再是纯农业经营业态，而是与延长农产品产业链以谋求更大发展的工业产业相结合的经营业态。

3. 县域市场化

在县域市场化方面，一方面，前景广阔的消费市场，为家庭中不愿"半工半耕"两地分居而又渴望进城但难以融入大城市的农村夫妇提供了机会，使得城镇个体户出现。农村家庭中的个体户经营使得家庭经营业态变得多元，同时随着这种多元结构的发展，农村家庭中的个体户经营将会逐步摆脱多元业态中的农业业态，向单一的非农业态的个体户经营的方向发展。另一方面，农村弱势家庭可以依靠人们的市场化消费拓展出新的家庭经营业态，通过低成本低门槛的小商贩业态形式，形成务农与商贩相结合的经营业态组合。

（1）个体户

县城的商业化发展、市场化建设，为农村家庭特别是家庭中的年轻夫妇提供了经营商业的机会。改革开放中的"改革"，是在农村进行土地改革，由人民公社制度改为家庭联产承包责任制；"开放"，就是实行对外开放政策，由计划经济向市场经济逐渐转变。市场化建设和培育，在现代化建设中扮演着重要角色，占据着重要地位。市场化是现代化建设的方向和发展趋势，市场化程度是现代化发展水平的重要标志。市场化建设能够盘活生产要素、促进贸易、推动经济增长，在促进经济社会发展方面发挥着重要作用。城市需要市场化建设来促进消费，需要市场化建设来带动经济增长和城市发展。城市的市场化建设对农村来说意味着发展机会，并且是不同于土地耕种和工厂劳作的业态发展机会。

县域的市场化发展、营商环境的改善及鼓励工商经营的政策支持，为农村家庭奔赴城镇开展工商业经营创造了条件。这对家庭中不愿"半工半耕"分居而又难以融入大城市的农村夫妇来说，是可以共同经营非农业态实现定居城市的机会。例如，家庭中较为年轻的夫妇奔赴县城，凭借父辈的支持及外出务工的资本积累开展成本和风险较低的工商个体户经营。这种个体户的经营业态是最为彻底的脱离农业的经营方式，个体户经营往往需要家庭劳动力全部投入其中并且获取的收益足以满足家庭生计需求，甚至可以带领整个家庭脱离农业和农村，走向城市。

（2）小商贩

随着城乡现代化的建设与发展，人们的生活水平得到了提高，不仅有了更强的消费能力还有了更多的闲暇。城镇的消费市场越来越广阔，这为那些小农户提供了利用消费市场谋生的机会。居住在农村、耕种土地的小农户也能够成为经营小生意的自由职业者。具有更高流动性、更大自主性、更低投资成本的小商贩，在学校门口、工厂门口、闹市街头及公园广场，都可以见到他们的身影。

(三) 县域经济的发展历程

1. 萌芽起步阶段

1978年，对于中国县域经济的发展而言，是一个历史性、转折性的年份。党的十一届三中全会的召开，将中国社会的历史发展再次拉回正确的轨道，经济建设成为国家一切工作的中心和重心。与此同时，家庭联产承包责任制从安徽省凤阳县小岗村开始向全国农村辐射，为中国县域经济的发展奠定了制度性基础。整个社会展开的真理标准问题大讨论，明确了实践是检验真理的唯一标准，这为县域经济的发展扫清了思想阻碍。1980年，邓小平同志首次提出社会主义本质的问题，这无疑给县域经济的发展提供了思想动力和实践动力。党的十二大虽然没有明确提到县域经济发展的问题，但在《全面开创社会主义现代化建设的新局面》报告中明确指出，要"促进社会主义经济全面高涨"，而县域经济就是社会主义经济中的重要一环。

1978—1982年，中国县域经济的发展主要是通过体制改革和解放思想来实现的，因为原有体制束缚了人的能动性的发挥，人才是社会生产力和经济发展的关键所在。这一时期县域经济的发展虽然在速度和整体规模方面与1978年之前相比变化不显著，但农民的生产积极性已经被最大限度地调动起来，生产潜力逐步得以发挥，中国县域经济发展的春天即将来临。

2. 探究摸索阶段

思想的解放和体制的改革促使县域经济进入新的发展时期，步入具体途径的探究摸索阶段。这一时期，乡镇企业的出现成为县域经济发展的增长极。今天看来，乡镇企业的出现是历史的必然。随着家庭联产承包责任制在全国范围内的全面落实，农村生产力得到了解放和发展，农业劳动生产率大幅度提高，但也出现了一些新的问题亟待解决，其中最为主要的问题就是如何转移因生产力水平提高而出现的剩余劳动力。剩余劳动力若得不到转移，生产力水平、劳动生产率即使有了一定的提升，农村居民的生活方式依然不可能出现质的飞跃，在此大背景之下，必须找到一条科学的渠道对剩余劳动力进行分流。

在农村办工业、在乡镇办企业的实践为农村剩余劳动力的转移找到了最为科学的路径。"下地是农民、进厂是工人"就是对乡镇企业最为形象的描述。乡镇企业的兴起为下一步民营企业的开办打下了基础，更为重要的是乡镇企业在转移农村剩余劳动力方面发挥着突出的作用。乡镇企业的出现不仅可以丰富农民获取收入的渠道，提高农民收入，还可以推进县域经济工业化和农业现代化的发展。另外，国家从政策方面、县域从决策方面做出了更多变革以进一步促进县域经济的发展，这为中国县域经济的发展创造了更好的环境和氛围，也为国家政策导向的制定提供了实践基础。

3.快速发展阶段

1992年可以说是中国县域经济发展的分水岭，县域经济在经过逐步摸索后，进入了快速发展阶段，同时也进入了问题凸显阶段。邓小平同志在南方讲话中明确提出"三个有利于"标准，为县域经济的全面发展指明了方向。"三个有利于"标准进一步解放了人们的思想、更深入地推进了改革开放。对以往束缚县域经济发展的落后观念进行了彻底批判，为县域经济的发展提供了强大的思想动力。另外，"三个有利于"标准使得一切有利于县域经济发展的方式、方法被运用到经济发展和改革中去，增强了县域经济发展的动力，丰富了县域经济的发展模式。从结果来看，1992年之后，我国县域经济进入了快速发展时期，各种成功的发展模式层出不穷，县域经济整体实力空前提高，人民生活得到了实质性的改善。也是从1992年开始，先前理论层面的"社会主义市场"开始慢慢步入现实，我国开始实行社会主义市场经济体制改革，为县域经济的发展进一步松绑，市场方式成为县域经济发展过程中最为科学的资源配置方式，市场经济为县域经济的发展带来了直接的、巨大的动力。此阶段出现的成功的县域经济发展模式，无不是利用市场经济带来的动力而走向成功的。当前我国县域经济发展较好的省份，如江苏、浙江、广东等省，都是在此时期加快思想转变，在传统乡镇企业的基础上进行所有制改造，再加上充分利用市场而走向成功的。市场这只"看不见的手"指导着中国县域经济的发展。

思想的解放和社会主义市场经济体制的确立，为县域经济的发展提供了良好的外部环境。在此阶段，国家非常重视对县域经济发展的政策支持和资金投入，国家对农村、农业的宏观调控也得到了进一步的加强，县域经济发展的基础被进一步夯实。但就在此阶段，县域经济在发展过程中也出现了相应的困难和问题，如对资源的过分使用、对自然环境的破坏等。

4.科学发展阶段

发展是硬道理，这已经是不争的事实。在发展中坚持科学发展是时代发展的要求，同时也适用于县域经济的发展，是县域经济发展的根本性和指导性原则。问题是，在县域经济发展的过程中，我们该如何正确且全面地理解科学发展这一原则呢？对此，在科学发展观提出之后，学界进行了更加广泛的探索和研究，并基本认同坚持科学发展就是坚持发展的规律性。科学发展观是立足于我国社会主义初级阶段的基本国情，基于自改革开放以来我国社会主义建设和实践的成功经验和教训及国外发展的优秀成果，为适应新的发展而提出的战略思想。

自1978年以来，我国县域经济发展取得了举世瞩目的成就，但成就的取得却掩盖不了问题的频发。县域经济发展过程中出现的诸多问题都是没有严格遵循科学发展的结果，这严重制约和影响了县域经济的可持续发展。长期以来，县级政府的GDP意识较强，这主要表现在：重视数量上的增长，忽视质量上的发展；重短期效益，轻长期规划；重招商引资，轻产业培育；重外表形象，轻本职工作；等等。这些现象的存在，使县域经济发展的表面看起来是轰轰烈烈，各种数据在持续增长，但县域经济却没有实现内生性、结构性发展。如何加快县域经济的科学发展，实现经济与社会、文化、生态等的协调发展，是当前县域经济发展亟须解决的问题。科学发展观为其指明了方向，即坚持以人为本，处理好发展与民生的关系；坚持可持续发展，处理好短期利益与长期利益、当前利益与后代发展之间的关系；坚持全面协调发展，处理好经济发展和生态文明的关系，并切实做到"五个统筹"。

5.新发展阶段

2015年10月，习近平总书记在党的十八届五中全会上提出了"创新、协调、绿色、开放、共享"的发展理念。在新的历史条件下，创新、协调、绿色、开放和共享的新发展理念逐步完善，它对解决中国"三农"问题，实现城乡一体化发展，推动县域经济持续健康发展和探索中国县域经济发展规律、模式具有重要的指导意义。

第二节 县域经济的主要特征

一、独立性

县域是具有相对独立性的行政区域，作为国家经济的基本单元，县域经济也具有相对独立的财政权，同时在决策上也具有一定的自主权，可以根据大环境和大背景下的发展战略和发展方向，结合自身的特点，独立自主地编制本区域的发展计划和规划，以促进县域经济的发展。因此，县域经济具有一定的独立性，同时也具有一定的能动性，是国家加快推进新型城镇化建设、实现乡村振兴战略的着力点。

二、开放性

在具有开放性的市场经济体制中，县域经济的发展必须具备开放性的基本特质。县域经济本身是一个功能齐备的经济体系，也是一个"五脏俱全"的微观经济体系，县域经济不是封闭的，而是一个开放的经济系统。县域经济的开放性体现在发展县域经济必须将其置于区域经济乃至整个国民经济发展的基本框架中，必须根据国民经济发展的基本方向、战略和方针，找准县域经济在整个区域经济中的位置，结合自身的地缘优势、资源优势、产业优势、技术优势及人力优势制定符合本县域经济发展的具体规划和路线。

随着社会主义市场经济体制的建立和发展，县域经济发展所需要的各种生产要素已经完全突破了地域的界限，在区域间、整个国家内甚至国际上流动，随之而来的就是生产、分配、交换和消费也突破了地域的界限，这就必然使县域经济成为一种开放性的地域经济。县域经济的发展必须基于一定的县域，但县域经济发展所需的要素和动力已经突破了一定的县域。由此，闭关自守是绝对不可能发展好县域经济的。也正是由于开放性特征的存在，县域经济在发展过程中可以根据自身的优势所在，发展优势产业，推出特色产品，形成县域经济自身的特色，而"特色"往往是县域经济走向成功、取得成就的关键所在。

县域经济是一个开放的系统。县域与周边其他区域不断地进行着物质流、能量流和信息流等各类联系，使得县域与其他区域之间的经济存在或多或少的相互影响关系。因此，在一定程度上，县域经济的发展不仅依赖自身的初始条件，还可以突破自然条件、地理交通和民族关系等约束，与相邻经济体表现出显著的空间关联性，从而在更广阔的空间实现资源的优化配置，形成各类"流"的网络，使地区经济获得充分发展。当然，由于各个县域的自然条件、地理位置、资源禀赋和产业类型不同，经济发展的聚集程度会有所差异，而经济发展水平也会千差万别，从而会导致县域经济发展不均衡，尤其在省域、国家层面上看，这种不均衡发展的现象较为严重。由全国百强县的区域分布可知，东部的江苏、浙江和山东三省就占了65个席位，而中西部地区较少，由此可见，东西部地区的县域经济发展不平衡，东部发展较快，而中西部地区发展较慢。以湖南省为例，处于京广高铁和沪昆高铁交汇处的长株潭地区，开放程度较高，经济发展较快；而位于大湘西地区的县域，由于受交通区位等因素的影响，开放程度相对较低，经济发展相对较慢。

县域经济的开放性，在内部打破了村落边界、乡镇边界，农村的封闭性、保守性逐渐消退，变得更加自由、开放。农村在很长一段时间成为封闭、保守、落后的代名词。但是在改革开放以来，特别是随着县域经济向城市化、工业化与市场化方向的发展，资本、劳动、技术等生产要素在县域流动，村落的边界变得模糊，甚至发展连接成为一体，城乡边界变得模糊。农村只有变得开放才能生存，只有开放才能发展。县域经济为农村提供了生存和发展的机会。

三、特色性

中国地域辽阔，自然地理环境相差很大，加之众多县域所经历的历史不同，所形成的习俗不同，所传承的文化也存在一定差异，这就使得中国县域经济的发展呈现出多样化的局面，形成了诸多特色鲜明的县域经济发展模式。例如，温州模式和济源模式，两者都是中国县域经济发展成功的典型，其背后隐藏的却是资源、历史、文化、习俗等方面的差异。但无论哪种成功的县域经济发展模式，必然得从"特色"二字上下功夫。在社会主义市场经济条件下，"特色"对于县域经济的发展而言，就是竞争力，就是生命力，从某种意义上而言，也是巨大的潜力所在。在"看不见的手"的指挥下，要想在市场竞争中取得胜利，就必须具备"人无我有、人有我优、人优我特、人特我精"的能力。

特别是在社会主义市场经济条件下，突出"特色"发挥比较优势是实现县域经济可持续发展的必然路径。这种特色通俗地讲就是与众不同，具有地方鲜明的个性和色彩。从已经成功的县域经济模式来看，它们都具有一般的共性和规律，突出特色发展往往是县域经济发展成功的原因中最重要的一条。从以往成功的做法来看，县域经济的发展都非常注重具有比较优势的产业，因为任何县域经济的发展必须依托于一定的地理环境和资源环境，地理和资源的比较优势是县域经济之"特色"形成的基础。而每一个县域在长期的历史发展过程中，一定会承载着独特的、优秀的历史文化，若将这种文化因素置于县域经济的特色之中，无疑会更加提升县域经济的整体实力。在"特色"的基础上壮大具有县域特色的主导产业，培育具有县域特色的优势产业，推出特色产品，就是一件相对简单且高效的事情。

四、不平衡性

按照法国经济学家佩鲁的观点，经济发展不可能达到绝对的平衡。中国的县域经济发展无疑也遵循了如此的规律。这种不平衡有着地域的原因，比如东部沿海始终处于改革开放的最前沿，浙江、江苏、广东一带的县域经济得到了优先发展的机会；也有资源要素的原因，资源要素是"先天性"的，不可能做出人为的改变，陕西省神木市（县级市）县域经济的发展就是依托自然资源优势的典型；也有历史和政策的原因，例如，邓小平同志提出的"让一部分人、一部分地区先富起来"。从当下中国县域经济发展的规模、速度和历史进程而言，县域经济发展的不平衡性不仅存在，而且表现得相当明显，有学者明确指出，中国县域经济相对独立、贴近农业、自成体系，以及与市域经济间不平等竞争等特质，对县域经济发展的策略选产生了深远影响。中国经济百强县大多位于东部，西部只有极少数县跻身于百强县之列，而且地位相当不稳定。

归结起来，县域经济是非平衡的地域经济，主要体现在三个方面。首先，从整个县域经济发展来看，呈现出横向比较的不平衡性，这种不平衡性主要表现在生产力的巨大差异和产业结构不合理两方面。东部县域经济的发展主要依托于生产力的发展、产业结构的调整，以及先进科学技术、管理经验的应用，而西部县域经济大多仍然停留于"靠天吃饭"的尴尬境地，也就是主要依托于第一产业的发展。例如，产粮县、产麻县及水果县等农业型县域大多分布于西部地区。

其次，中国县域经济的发展呈现出鲜明的纵向不平衡性。这种纵向不平衡性不仅存在于县域之间，而且存在于县域内部、地区与地区之间。

最后，中国当下县域经济发展的不平衡性还体现在特色比较方面。这与前面所论及的影响县域经济特色发展的诸多因素直接相关。归结起来，影响县域经济特色发展和特色铸造的因素主要有政策、历史、资源、地域、文化、产业结构等，对于当下而言，科学技术和管理理念也成为县域经济特色发展的重要因子。

五、区域性

县域经济是一个区域范畴，与县级行政区划界线相对应，有着特定而明确的地理空间，具有明显的自然、地理、历史社会等区域性特征。在县域内，各类交通线路形成的网络贯穿县城中心、联系各个乡镇和村庄，实现了县域经济要素的贯通，形成了以县城为中心、乡镇为纽带、农村为腹地的区域经济，是我国解决"三农"问题的切入点。

在此基础上，任何经济格局的诞生与演变都与其基础条件密不可分，尤其是县域经济这种带有一定程度的县域自然资源痕迹的经济。不论是农业主导、工业主导、服务业主导还是综合型发展模式，其县域经济结构的产生和动态演化都与自然基础条件密切关联。

六、综合性

县域可谓"麻雀虽小、五脏俱全"，在此条件下，县域经济也是一个功能完备的经济单元，一个相对完整的经济运行体系，在某种程度上也可以看成国民经济的一个缩影，是国家经济运行的"晴雨表"，因而自古就有"郡县治，天下安"的说法。县域经济在区域上有城镇与农村的联系，实现着城乡的良好互动；也有工业、农业和服务业的搭配，形成了相对比较全面的第一、第二和第三产业体系；在管理机构上，设有发展、财政、税收、金融、物价和工商管理等各类经济管理职能部门，可以保障经济在生产、流通、交易和消费的各个环节良好运行。因此，县域经济有着很强的综合性。

七、多样性

县域经济是一定县域行政区划内存在的经济体系，这种界定指出了县域经济的发展范围，即县域范围，也指出了县域经济发展的方向，即城乡结合型经济。另外，从产业结构方面来看，县域经济本身就是一个功能齐备、产业构成全面的综合性经济体系。这是县域经济相较于城市经济所具有的突出而首要的特点。

第一，县域经济的这种特点是由县域经济所处地位的特殊性决定的。首先，从属性上看，县域经济是联结城乡的地域经济。县域一定是属于某个中心城市的县域，而县域本身又是它所依附的广大农村的中心，县域联结着城市和农村，是城市和农村生产资料、生活资料、技术、信息、劳动力交换的中间环节，因而县域经济也就成了联结城市经济和农村经济的桥梁和纽带。正是由于县域经济是联结城市经济和农村经济的中间环节，因此很多县域经济体系本身同时具备了城市经济和农村经济的特征。相对城市经济的产业结构而言，县域经济本身就是集第一、第二和第三产业于一体的经济体系。城市经济在发展过程中，由于农业用地等要素的缺失已经不再承担第一产业的功能，城市经济的发展虽然也涉及生产、分配、交换和消费等环节，但这些环节只限于第二产业和第三产业。而县域经济则依然发挥着第一、第二和第三产业的全部功能。因此，县域经济相比城市经济而言，是一种综合性的地域经济。其次，从作用上看，县域经济往往在国民经济发展过程中起一种承上启下的重大作用。县域是联结城市和农村的重要生产和消费空间，而县域经济则是联结城市经济和农村经济的桥梁和纽带。正是由于县域、县域经济的这种特殊地位，国家关于宏观经济发展的政策、计划、方针等都必须通过县域、县域经济这一层面才能下达乡村，而乡村的经济发展状况及微观经济发展过程中的经验、教训、优缺点等也只有通过县域、县域经济这一中转站才能上传到上层，才能被上级部门全面地把握。

第二，不同产业在县域经济中的地位不同。首先，农业依然是县域经济的基础，并在县域经济发展过程中发挥基础性的作用。我国是一个农业大国，农业在整个国民经济中占有基础性地位。农业在县域经济中占有非常大的比重，县域经济的发展离不开农业、农村和农民的支持。从县域本身的发展角度来看，县域经济发展的主体依然是农民，农民通过农业生产为县域经济的发展提供基本的生活资料和生产资料。在今后一个相当长的时间内，农业依然会在整个国民经济中发挥基础性作用，依然是县域经济发展的重中之重。其次，工业化是发展县域经济的主要路径之一。从国内处县域经济发展的成功经验和成功典例来看，县域经济的发展必须走工业化的路子。从宏观的经济发展历程来看，任何一个国家、地区经济的发展均必须经历工业化的过程。随着城市经济的进一步发展，城市经济中工业的功能逐步外移到县域经济中来，使县域经济承担更多的功能和责任。从县域经济发展的历史来看，任何县域经济的成功发展都必须将工业化放在核心的位置，中国"百强县"各种成就的取得无不如此。最后，第三产业在县域经济发展过程中发挥着越来越显著的作用。县域经济要想取得突破性发展，就必须完成对产业结构的合理调整，扩大第二、第三产业，尤其是第三产业在整个县域经济中的比重。第三产业是县域经济的重要组成部分，第三产业的健康发展和壮大，对第一、第二产业的发展具有积极作用，有利于加快县域经济的发展，提高整个县域经济的质量和整体竞争力。另外，第三产业的优势还在于可扩大就业，缓解县域经济发展过程中剩余劳动力转移的压力。总之，第三产业发展的质量和速度将直接影响甚至决定整个县域经济的走向。

八、连续性

每个村庄都是独立的单元，城市和农村更是截然分割对立的单元，这是传统的县域格局。这种格局在改革开放后的现代化建设中发生了变化，独立的城乡单元在现代化的共同发展目标下被整合在一起，以实现共同的发展。城市和农村的社会基础不同，发展速率不同，农村在发展条件方面处于弱势地位。城市不能只寻求自身的发展建设，狭隘地实现自身的经济增长与社会发展；农村也不能孤立地寻求自己的突破，仅仅依靠自身实现农村生活水平的提高和人居环境的改善。实际上在县域，县城的现代化发展从来不是孤立的、与农村隔绝的，始终发挥着对县域农村的影响。同时，县城负有带动农村发展的直接责任。县城现代化的发展使得城市与乡村的对接具有连续性，只有正确认识其连续性才能更好地把握现代化建设的方向及理解农村家庭经营策略的选择。

九、互动性

县域经济的互动性，增强了城乡之间的互动交流。县域经济使得城乡之间的交流互动趋向更加频繁，往来更加紧密，县域在内部城乡之间的互动中实现城市化扩张、工业化提升与市场化进步。传统的城乡分隔为两个单元，很少来往互动，城市总是居于高农村一等的地位，两者之间的互动存在诸多障碍性因素，如生产生活方式的差异、制度的设置、文化理念等。但是现代化的力量拓展了城市边界，拆除了城市围墙。城市的城市化、工业化、市场化发展离不开农村：城市化需要农民工参与建设，需要农村家庭迁居城里；工业化需要农民工参与生产；市场化需要农村参与交换和消费。这种由农村指向城市的互动也为农村的发展提供了动力，城市中的资源、信息、现代观念等通过这一过程来影响农村，而农村家庭也通过这一过程来提高家庭收入，改善家庭生活条件。

第三节 县域经济可持续发展的影响因素

一、自然禀赋对县域经济的影响

县域经济的发展应立足于该县级行政区划自身所拥有的自然禀赋，尤其是它所拥有的自然资源和空间上的区位优势。首先，自然资源可为县域经济的发展提供劳动对象和最重要的生产媒介，是社会生产最基本的物质基础。其次，自然资源的禀赋及特色，决定县域经济的发展方式。最后，自然资源的可持续开发是人类可持续生产和经济可持续发展的物质前提和物质基础。因此，自然资源是县域经济发展不可替代的先天禀赋。由此可见，县域经济必然受到该县级行政区划自然资源的丰裕度及该县级行政区划的区位优势的影响。

在中国，不同地区自然地理条件差别较大，上一段对自然禀赋的考虑是基于多种自然地理因素的综合作用，然而各自然地理因素对经济增长的作用及其在空间上的表现均存在较大差异。自然地理因素在中国县域空间上基本呈现东部整体优于中部、中部优于西部的格局。河网密度在空间上呈现"西疏东密，北疏南密"的格局，其中长江流域、珠江流域河网更为密集。平均海拔与中国地形的三大阶梯分布一致，呈现"西高东低"的格局。与平均海拔相似，地形起伏度同样为东部平坦，西部起伏，起伏度超过2000 m的区域主要分布在西部高原盆地区，包括喜马拉雅山脉、横断山脉、昆仑山脉、祁连山脉、天山山脉和阿拉尔山脉，起伏度为1000～2000 m的地区主要分布在中西部山地丘陵地区，起伏度较低的地区包括东北平原、华北平原等；坡度大于15°的区县主要分布在横断山脉和秦岭地区，但面积比例在40%以上的地区分布不局限于此，其范围更广，包括东部沿海的浙江和福建等地。

为进一步探索自然禀赋对中国县域经济发展的影响，对各自然地理因素进行回归分析，以全国2851个县域作为样本进行回归，所有自然地理因素均通过1%以上的统计性检验且经过共线性诊断，方差膨胀因子（VIF）均小于5，其结果分析为：在四大自然地理因素中，河网密度与地形起伏度的回归系数为正，坡度大于15°的区域面积比例与平均海拔回归系数均为负。各自然地理因素的具体表现为：

①河网密度回归系数为0.89，表明河网密度对全国县域经济发展有着较高的促进作用，即水系河网越密集的区县经济发展水平越高，东部沿海地区水系较为发达，河网密集，同时东部沿海区县在中国经济发展中始终处于"领头羊"地位，其中以长三角城市群较为突出，上海、浙江和江苏各区县河网密度在全国区县中均处于较高水平，这表明发展较好的区县多分布在水系发达区域。

②制约区县经济发展最主要的自然地理因子为坡度大于15°的区域面积比例，其回归系数为-1.80，即区县坡度大于15°的区域面积比例越大，其经济发展水平越低。坡度大于15°的区域面积比例较大的区县多分布在西藏（东部）、云南（北部）、四川（西部）三省区接壤地带，而横断山脉恰好分布于此，其地形复杂、坡度较大，为该地区区县的经济发展带来了较大困难。

③平均海拔回归系数为-0.31，虽大于坡度大于15°的区域面积比例的回归

系数，但同样对区县的经济发展起遏制作用。我国地形三大阶梯明显，平均海拔差异明显，与之对应的是我国东部、中部、西部地区经济发展水平同样差异明显，随着海拔增高，其区县经济发展水平随之降低。

④地形起伏度对中国区县的经济发展起较小的促进作用，其回归系数为0.20，在一些地形起伏度较大的区县，经济发展水平较高，这与沿海多丘陵有关，如辽东丘陵、山东丘陵及东南丘陵均分布在东部沿海发达地区，这表明丘陵地区及较低起伏度并未成为限制经济发展的因素。

我国东部、中部、西部地区地形差异显著，为进一步探寻自然禀赋在三大地区中的作用大小，分别对三大地区进行回归分析，结果如下：①东部地区的回归结果与全国结果相似，平均海拔与坡度大于15°的区域面积比例是限制该区域经济发展的重要因素。②在中部地区，地形起伏度、平均海拔以及坡度大于15°的区域面积比例均起到负向作用，其中地形起伏度未通过显著性检验，意义不显著，可能与各省内部地形较为相似有关，如山西、江西和湖南三省中地形起伏度大于500 m的区县个数比例分别为92.37%、84.85%和75.41%。③西部地区是中国主要的生态脆弱带，水资源缺乏，气候干旱，因此河网密度在此区域起正向促进作用。同时，坡度大于15°的区域面积比例与平均海拔是限制该区域发展的重要因素。④无论是东部地区还是中西部地区，河网密度均未通过显著性检验，意义不显著，这与同地带内河网密度较为相近有关，东部地区共有881个样本，其中有519个样本河网密度集中在0.20～0.40 km/km^2；中部地区共有892个样本，其中684个样本河网密度集中在0.10～0.30 km/km^2；西部地区共有1078个样本，其中有892个样本河网密度集中在0.10～0.30 km/km^2。

概括而言，在全国范围内，经济发展较好的区县多分布在水系河网发达地区，而平均海拔与坡度大于15°的区域面积比例则是限制区县经济发展的主要自然地理因素；从分区来看，东部和西部两地区自然地理因素的作用较为相似，唯一不同的是地形起伏度在东部地区起正向促进作用，而在西部表现出抑制作用。

二、经济因素对县域经济的影响

从经济学的角度来看，影响县域经济的经济因素主要包括该县级行政区划的经济状况、可使用的土地面积、所具有的人力资本、当地的技术发展水平等。这些因素影响并决定着县域经济发展的方向。

三、政区类型对县域经济的影响

行政区划并非纯粹的政策或制度问题，而是一种身份象征，反映了不能轻易改变的区域属性特征，在很大程度上影响着地区的经济发展。一个地区的政区类型，不仅仅包括县域行政区划，还包括其是否为市辖区的城市属性，同时省会属性也是一个地区至关重要的行政属性。由此可得，市辖区与非市辖区、省会与非省会、城市群与非城市群的经济差异较大。因此本节以城市群、省会、市辖区为县域单元政区类型，研究其对经济增长的影响。

以全国2851个区县为样本进行回归分析时，不同的政区类型对经济增长的影响存在差异，且均在1%的水平上统计显著，同时VIF均小于2，不存在共线性问题。其中市辖区政区类型对经济发展影响最大，省会政区类型次之，城市群政区类型影响最小。在市级行政单元内，市辖区往往是发展核心，是一个地区的经济增长极，因此其发展水平要高于非市辖区；与市辖区相似，省会在一个省份中通常起经济带头作用，基础设施更加完善、人才更为充足，因此其内部区县经济要优于非省会区县；城市群作为国家新兴战略，其覆盖范围更广、战略地位更高，但由于政策措施有一定的时间滞后性，因此在三种政区类型中，其对经济发展的促进作用最小。由于单独考虑各政区类型会存在一定的交互项影响，因此需要综合考虑城市群、省会和市辖区三种政区类型对县域经济发展的影响。对上述三种政区类型进行交互项回归分析，其结果分析如下：

①同时享有城市群、省会和市辖区三种政区类型的县域的经济发展要远高于其他县域，回归系数为2.25，与其差别最大的是非城市群的郊县，两者的回归系数差值为2.25，这表明未拥有任何政区类型的县域的经济发展状况最差，而与省会市辖区差别最小的是城市群内非省会市辖区，两者的回归系数差值为0.69。

②控制城市群和省会政区类型，省会市辖区与省会郊县的回归系数差值为1.22，城市群内非省会市辖区与城市群内非省会郊县的回归系数差值为0.98，非城市群市辖区与非城市群郊县的回归系数差值为0.86，三组回归系数差值对比进一步证明市辖区政区类型对县域经济发展的促进作用最为明显。同时，省会市辖区与省会郊县的回归系数差值要大于城市群内非省会市辖区与城市群内非省会郊县的回归系数差值和非城市群市辖区与非城市群郊县的回归系数差值，这表明在省会地区，市辖区政区类型对周围郊县的辐射作用较弱、引力作用强，导致城乡差距要大于非省会地区。

③控制城市群与市辖区政区类型，省会市辖区与城市群内非省会市辖区的

回归系数差值为0.69，省会郊县与城市群内非省会郊县的回归系数差值为0.45，与市辖区政区类型相比较，省会政区类型对县域经济发展的影响较小，同时省会市辖区与城市群内非省会市辖区的回归系数差值要略高于省会郊县与城市群内非省会郊县的回归系数差值，这进一步证明在省会地区，市辖区政区类型的极化作用要大于涓滴作用，两极分化较为明显，贫富差距要大于非省会地区。

④控制省会与市辖区政区类型，城市群内非省会市辖区与非城市群市辖区的回归系数差值为0.70，城市群内非省会郊县与非城市群郊县的回归系数差值为0.58，这表明城市群政区类型对县域经济发展的促进作用明显，其不仅可以促进市辖区县域经济的发展，同样也对非市辖区县域经济的发展具有积极作用。

综合研究表明：在三种政区类型中，市辖区对我国县域经济发展的影响最大，这说明城乡差距仍是区域差异的主要特征之一；省会对县域经济发展的促进作用要弱于市辖区，但在省会地区城乡差距更加突出，市辖区的涓滴作用要弱于非省会地区，即省会地区的城乡一体化发展水平低于非省会地区；城市群虽对县域经济的促进作用最弱，但通过交互项分析，若在非城市群市辖区与非城市群郊县的基础上叠加城市群政区类型，则该县域经济的发展会得到长足进步，因此城市群战略的实施为提高区域经济增长及协同发展提供了良好机会，在未来的发展中要坚持城市群战略。

四、自然禀赋与政区类型交互对县域经济发展的影响

我们从本节前面的叙述可知，无论是自然禀赋还是政区类型均在县域经济发展过程中起到一定作用，但前面的叙述并未涉及两种属性共同作用下县域经济呈现的发展态势。下面我们将对自然禀赋的虚拟变量，即自然禀赋下的县域类型（平原、丘陵和山区）与代表政区类型的虚拟变量进行交互项处理，从而得到能表示自然禀赋和政区类型共同作用的新变量。由于自然禀赋下的县域类型只有平原、丘陵和山区，未包括市辖区，因此我们首先要根据地形地貌数据对市辖区进行划分。市辖区多位于地势平坦区域，且全国857个市辖区中平均坡度小于15°和小于10°的样本数分别为818、718个，地形起伏度和坡度大于15°的区域面积比例等指标与平原县指标相近，同时市辖区地形条件好，未出现较大差异，因此我们将其归入平原类型。

控制政区类型，平原省会郊县的回归系数为1.85，大于丘陵省会郊县的1.47和山区省会郊县的1.10，同时回归系数为1.43的平原城市群内非省会郊县大于丘陵城市群内非省会郊县的1.01和山区城市群内非省会郊县的0.65，这进一

步证明自然禀赋条件越好，其对县域经济发展的促进作用越强。

控制自然禀赋，平原省会市辖区的回归系数为2.70，平原省会郊县的回归系数为1.85，两者的差值为0.85，平原省会市辖区与平原城市群内非省会市辖区的回归系数差值为0.69，平原城市群内非省会市辖区与平原非城市群市辖区的回归系数差值为0.71，同理，在丘陵和山区条件下存在相似差异。这进一步表明拥有市辖区、省会及城市群等政区类型会对县域经济的发展产生一定的促进作用。

综合考虑自然禀赋和政区类型，比较不同自然禀赋条件下省会区县与非省会区县的回归系数差值，平原省会郊县与平原城市群内非省会郊县的回归系数差值为0.42，丘陵省会郊县与丘陵城市群内非省会郊县的回归系数差值为0.46，山区省会郊县与山区城市群内非省会郊县的回归系数差值为0.45，即平原条件下的省会与非省会回归系数差值要小于丘陵条件下和山区条件下的此差值，这表明地形地貌的不同会导致政区类型间经济差异的扩大或缩小，即地势平坦的平原条件可以缩小省会与非省会之间的经济差异，而恶劣的山区条件则会扩大省会与非省会区县之间的经济差异。

综合考虑自然禀赋和政区类型，比较不同自然禀赋下城市群区县与非城市群区县的回归系数差值，平原城市群内非省会郊县与平原非城市群郊县的回归系数差值为0.33，丘陵城市群内非省会郊县与丘陵非城市群郊县的回归系数差值为0.16，山区城市群内非省会郊县与山区非城市群郊县的回归系数差值为0.65，远高于平原条件下和丘陵条件下城市群与非城市群之间的回归系数差值，这进一步证明地形地貌的不同会导致政区类型间经济差异的扩大或缩小，即地形恶劣的山区条件会扩大城市群与非城市群之间的经济差异。

综合考虑自然禀赋和政区类型，平原城市群内非省会郊县与山区城市群非省会郊县的回归系数差值为0.78，此差异是由地形的不同导致的，平原非城市群郊县与山区非城市群郊县的回归系数差值为1.10，此差异同样也是由平原条件和山区条件不同造成的，但拥有城市群政区类型的区域的此差值要小于未拥有城市群政区类型的区域，这表明城市群的实施可以缩小由地形地貌不同所造成的经济差异。同理，丘陵城市群内非省会郊县与山区城市群非省会郊县的回归系数差值（0.36）小于丘陵非城市群郊县与山区非城市群郊县的回归系数差值（0.85），这再次印证了城市群战略的重要性，即城市群战略对缩小地形地貌所造成的差距有着较强的积极作用。

综合而言，自然禀赋和政区类型对县域经济的影响较为明显，地形较好的平原条件有利于缩小由政区类型不同所造成的经济差异，恶劣的山区环境则会使此经济差异进一步扩大。同时，城市群政区类型可以缩小由地形地貌所造成的经济差异，未来发展过程中一定要大力推动城市群战略的实施。

第四节　加强县域经济可持续发展的意义

一、县域经济可持续发展的含义

在工业发展早期，很多国家仅仅将工业发展水平及经济增长速度作为评价其经济发展水平的测量指标，却没有将资源环境、社会发展等纳入其中，但很快便意识到这一发展模式的局限性。20世纪60年代美国经济学家鲍尔丁提出了循环经济的概念，他认为经济发展并不是仅仅通过经济规模增长进行衡量的，相比这一衡量指标，社会制度、结构及人民生活水平、生活质量更应该被纳入其中作为测量指标。

经济可持续发展是经济学中对于可持续发展理论的一种扩充和延伸。从可持续发展的含义可以看出，在不危及后代需求的基础上对人的需求的满足才是可持续发展的核心所在，而经济上的满足是可持续发展的前提和基础。可持续发展可以理解为利用现有一定的自然资源不断改善当代人的生活水平、经济福利，同时又能够保证我们的后代利用这些资源所获得的经济福利不小于当代人。

在经济发展中，可持续发展这一模式是一种比较合理化的经济发展形式。从根本上而言，此类模式是现当代生态经济发展的主要模式，它能够应用于经济、社会及生物领域，使这三者都处于可持续发展的和谐状态中，确保生产、消费与流通等环节均与可持续发展目标相一致。

总而言之，经济在发展过程中，不仅要有一定的量的储备，同时还要有质的提高。从某个层面而言，集约型经济增长方式正是县域经济可持续发展的具体表现。

二、县域经济可持续发展水平的衡量指标

可持续发展的思想形成于20世纪80年代，自此之后，这一思想逐渐成为全人类所共同追求并希望实现的目标。虽然可持续发展的思想中包含了社会各个

领域的可持续发展问题，其中自然也包含县域经济可持续发展的问题，但县域经济可持续发展的问题并不是可持续发展系统中可以独立出来的子系统，它与其他子系统间存在着相辅相成、相互依存的关系。特别是在对区域经济可持续发展问题的研究中，只有通过合理的衡量指标，才能客观合理地比较区域中各地区的可持续发展水平，及时发现各地区及区域整体所存在的问题，揭示社会发展以及经济发展过程中所面临的各种矛盾，最终也才能正确引导各地区做出合理可行的县域经济可持续发展战略决策，实现县域经济可持续发展的目标。

目前，国内外已有的关于县域经济可持续发展的研究已涉及多个方面，对县域经济可持续发展水平的衡量指标也给出了多种不同的看法。国外学者以及相关部门先后提出了很多关于衡量县域经济可持续发展水平的指标或指标体系，而其中最具代表性的、对可持续发展水平评价影响较大的则是1992年由联合国环境规划署（UNEP）及经济合作与发展组织（DECD）共同提出的压力-状态-响应指标体系，简称PRS。在该概念框架中，概念提出者认为人类通过各种农业、工业等活动来创造经济、发展经济，这也被称为社会压力的来源，那么这些农业、工业等的发展需要大气、水、土地等自然资源及环境资源的支持，这就形成了两者间的相互关系，人类活动将对环境资源产生污染，而环境资源需要对人类活动给予相应支持；与此同时，社会组织机构也将参与其中，不仅为人类活动提供相应支持，还将对环境资源的变化做出相应的环境响应，而人类活动将给社会组织机构创造相应的财富和福利，带来相关的信息传播。

由此可见，在这一概念框架中，所涉及的指标体系较多，且各指标间并不是存在着唯一的因果对应关系，而是各指标间存在着相互作用，这就增加了在实际问题中应用此框架来衡量评估可持续发展水平的困难性。但该概念框架对后来可持续发展水平衡量指标体系的研究有较大影响，随后不少国际组织及学者在这一理论框架的基础上结合各地区的实际情况及实际问题，有针对性地提出了相应的改进概念框架。

近年来，随着可持续发展观念在我国的普及，我国很多学者也对县域经济可持续发展水平的衡量指标进行了研究。北京大学张世秋教授认为衡量一个地区的经济可持续发展水平主要应包含以下几个指标：一是废弃物排放指标，即在社会生产生活过程中所产生的并排放到自然环境中的废弃物对自然环境所造成的破坏是否已经超过了其自身可承载的能力范围；二是不可再生资源指标，目前很多资源属于不可再生资源，如矿产资源等，但许多产业的生产及人类的生活仍然离不开它们，如果我们一味地对这些不可再生资源进行利用，那么势必会有一天将其耗尽，到那个时候就必须去寻找可代替资源，因此需要考虑对不可再生资源的利用是否已经超过了其相应的可代替资源所具备的替代速率；三是可再生资源指标，虽然可再生资源相比不可再生资源不具有完全不可再生性，但是其再生速度也是有所制约的，所以此时需考虑对可再生资源的开发利用是否已经超过了其自身的再生速度。

上海交通大学朱启贵教授在目标层次分析法的基础上，构建了区域协调可持续发展水平的衡量指标体系，其中不仅包含了区域的发展状态、发展潜力及协调程度等指标，还包含了社会、经济、资源、生态环境等基本要素。江西财经大学李志强教授对我国可持续发展水平衡量指标体系通过菜单式的方法进行了构建，主要从协调度、发展度、持续度三方面对我国可持续发展的状态进行测度，具体包括人口、经济、环境、资源四个子系统。

综上所述，国内外众多学者目前虽然对经济可持续发展水平的衡量指标提出了各自的看法，但总体而言，他们基本上在对某区域县域经济可持续发展水平进行测度时，主要从经济发展现状、资源、环境、人口等几个方面进行评价衡量。

三、县域经济可持续发展的意义

（一）探索建设用地的优化配置方案

经济的发展可以有效地帮助建设用地提升其可持续发展水平，经济增长是建设用地增长的主要动力，并对建设用地增长有助推作用；不同经济结构对建设用地规模的需求有所差异，综合服务型与工业生产型区域对建设用地的需求强于农旅服务型区域；不同经济结构对建设用地供给类型的需求有所不同，可通过改变建设用地供给结构来提升建设用地的可持续发展水平；建设用地的粗放利用与有限的用地供给已成为建设用地可持续发展的一对主要矛盾，亟须通过土地集约利用和转变发展动力来提升建设用地的可持续发展水平。

经济可持续发展水平越高，代表着建设用地的集约利用水平越高，此时需要投入适量的建设用地，以提高整体的用地效率；反之，经济可持续发展水平越低，用地的开发潜力越大，此时需要对现有建设用地进行挖掘与提升，应少配置或不配置建设用地，倒逼区域提高建设用地的集约利用水平。此外，经济发展速度较快和经济发展水平较高的地区，对于建设用地有着较高的需求，应配置适量的建设用地满足其需求。

根据脱钩理论可以预见，随着区域专业化分工的提升，县域内的生产要素将会得到整合，区域规模聚集效益将会逐步显现，建设用地集约利用水平将在一定程度上得到提升；社会发展同资源利用呈现负相关，表明基础设施和公共服务设施的建设依赖于建设用地的利用；社会发展与环境保护呈较强相关，说明部分基础设施的投资被应用到环境治理中去。

建设用地可持续发展水平的提升，是经济增长、社会发展、资源利用、环境保护四个子系统之间相互作用的结果，并贯穿于整个城镇化过程中。任何一个子系统的滞后与发展不平衡，都将会制约建设用地的可持续发展，从而造成区域发展的不可持续。能否提升用地可持续发展水平，推进区域用地集约化发展，有赖于各子系统间协同并进，优化建设用地规模与结构的配置，破除建设用地可持续发展过程中的障碍因素。因此，县域经济可持续发展能够促进县域建设用地的合理配置。

（二）促进经济产业结构的优化调整

县域在构建当代特色化的产业系统时，应以科技创新为支撑，持续性地对经济发展模式进行调整和优化，加速当代特色化的产业系统进程。在基于节能与环保的基础上，应有意识地提高传统优势的产业结构，培育与发展新型产业，包括高端装备制造业、化工信息、新能源汽车以及生物医药等战略新兴产业项目，使县域内产业链条向高端发展。应将科技创新改革作为支撑点，将人才引进作为保障，推动县域产业结构的优化升级及经济发展方式的转变，建立起能够彰显当代特色的新型产业系统。除此以外，还应大力发展第三产业，尤其是与原有产业相关的服务业，对产业的结构加以优化，加速信息服务、服务外包、现代物流与金融保险等多种生产性服务业的发展，确保制造业和现代服务业间的相互融合，加速构建具有当代特色的新型产业系统。

（三）提高县域经济的自主创新能力

加快科技进步，注重科学技术的创新，提高自主创新能力，是县域经济可持续发展对策的一项重要内容。其一，应积极改进并发展重点实验室；其二，应强化与国内外著名高等学府及科研机构的合作，建设"产学研"互助式工程项目，并充分利用好各地区的人才优势及科技优势，创建转化高新技术成果的重要平台；其三，应加大对自主创新的资金投入比重，打造多种创新型的科技项目，从而全面地优化并促进整个产业的快速发展。

建立创新人才的选拔机制，并精心培育具有自主创新能力的科研人才也是县域经济可持续发展对策的一项重要内容。应确定可行性科研创新人才规划，运用科学合理的方法研发、培育战略储备人才，构建起相应的科研创新人才梯队，为县域经济的可持续发展提供必要的人才智力资本的支撑，尤其注重对生产型服务业创新人才的培育，强化非核心技术的科学创新能力，从而使产业结构更趋合理。与此同时，还应构建重点范围的人才引入创新体制，以适应创新产业的快速发展。

应基于产业规划与创新人才需求指标调整当地高校的专业设计与安排、确定科研机构的研究趋势，并结合县域产业结构调整方向及产业发展趋势，培育专业对口的符合发展需求的创新人才。

（四）促进经济与生态和谐发展

当前，环境污染日趋恶化已是不争的事实，生态系统面临着严重退化的风险。事实上，生态环境的破坏也在一定程度上威胁到了县域经济的可持续发展。可见，如何维护生态环境、强化生态环境建设日益变成县域经济可持续发展亟须化解的一个重要难题。生态保护与改进环境质量并非只是一个地区的问题，而需要将整个区域视作一个有机整体加以共同治理。县域经济的可持续发展与生态和谐发展存在着紧密的关联。

第二章　县域经济发展的理论依据

面对县域经济发展过程中的各种问题，只有走出一条观念创新、理念科学的基本路子，才可能有效扫除发展过程中的障碍，这就需要在新的历史条件下深入贯彻落实新发展理念，县域经济的发展需要坚持把新发展理念作为根本性的指导理论，继而明确正确的发展方向。本章涵盖区位理论、产业集群理论、比较优势理论、区域经济发展增长论、发展阶段论、可持续发展理论六部分。主要内容包括产业集群相关概念界定、产业集群理论的主要内容、产业集群理论的应用、比较优势理论概述、比较优势理论分类法、增长极理论、梯度发展理论等。

第一节　区位理论

区位理论是经济地理学和区域经济学的核心理论。一直以来，区位理论的研究聚焦于企业实体，即占据一定地理空间，承担企业管理、研发、生产、销售等经济职能的部门组织，在学术研究中一般使用"总部""经营场所""办公机构""研发中心"和"分支"等更具体的用语。

增长极理论以及点轴开发理论，一直以来被认为是区位理论的核心构成。增长极理论的创始人，正是法国学者佩鲁。增长极理论被视为区域经济学理论的基础一环，也为不平衡发展理论的拓展与革新提供了理论支撑。点轴开发理论的创始人，则是波兰学者萨伦巴以及马利士。点轴开发理论，就其实质而言正是增长极理论的进一步拓展。点轴开发模式是点轴开发理论在区域规划和区域发展实践中的具体运用，也是经济空间开发的一种重要方式。基于区域经济发展认知，经济中心往往配置于具备一定优势条件的区位之中，整体表现为斑点状。经济中心实则是区域增长极。同时，经济中心同样属于点轴开发模式之中的"点"。现如今经济持续推进，经济中心的数量同样持续递增。点与点之间需要针对生产要素予以交换处理，除必要的交通线路之外，还需要进一步配置动力及水源等各类供应线，不同线路纵横交错，竞相连接，此即轴线。轴线设置的原因在于为区域增长提供必要服务，轴线搭建完毕之后，其对于人口有着重要助力，同时在产业方面同样影响颇深。无论是人口，抑或是各类产业，均会聚拢于轴线周边，进而引发全新形式的增长点。点与轴相互连接，点轴系统随之诞生。

随着近年来国内经济的大发展，第二、第三产业得到长足的发展，但是农业发展仍显滞后，与农业现代化仍有不小的差距，农业产业发展仍有很大的进步空间，可以视作经济发展的潜在增长点。

第二节　产业集群理论

一、产业集群相关概念界定

（一）产业集群

产业集群定义为在一定的区域之中，事物之间具有一定的关联，或是竞争或是合作，并且在地理空间位置上，由交互关联的上下游的合作商、服务系统、经济金融机构等组成的集合体。不同类型的产业集群所包含的深度、意义及复杂的程度是不同的，这是由一种无形的规模等级制度所导致的。

（二）产业选择

产业选择主要是依据目前产业现状，以及社会经济发展的趋势和实时的走向，采用一些方法、手段在各类产业中将具有发展潜力和经济价值的产业挑选出来。产业选择不仅关乎经济的发展，更对资源的配置和服务的完善有着重要的影响。

（三）产业布局

产业布局从经济发展的角度来说是一个战略性问题，它是一个区域甚至一个国家产业各部门、各要素、各环节在地域上的动态组合分布。由于不同的产业类型具有不同的分工合作关系，它们之间的相互联系方式也大相径庭，所以不同的产业类型在地理空间位置上也具有布局上的差异，从而表现出不同的分布状态。产业空间布局则可以理解为不同的产业类型在地理空间上的排列分布，是一个产业集群的企业管理要素、生产要素、服务要素和产能动力要素的汇集与离散。

（四）区域产业规划

在区域发展的过程中，应以区域为主导视角和研究层面，以区域的产业发展为研究对象，调整产业的布局和发展，与此同时要兼顾土地利用、生态环境保护、基础设施建设等具体的规划项目。

（五）产业园区规划

在区域产业规划为上位规划的前提之下，应将主导产业、优势产业、新兴产业、基础产业等各类产业类型按发展需求布置，形成各类产业发展园区。

二、产业集群理论的主要内容

（一）产业集群的基础就是较长的产业链

产业链的长度决定了产业集群中的企业数量，产业链越长，集群中的企业数量就越多，反之则越少。与此同时，产业链越长，新的企业进入集群中的难度就越小，反之则越大。新企业进入后可以为集群的产业带来更大的经济效益，使得产业链的链条向两边延伸，并且给产业集群及其中的企业带来新鲜的血液，使产业集群拥有顽强的生命力。

（二）产业集群需要一个良好的发展环境

产业集群的发展在很大程度上受到发展环境的影响，市场秩序、价格机制、产权制度、政府政策等都在很大程度上影响产业集群的发展。良好的发展环境，可以使市场发挥出决定性作用，能够进一步优化产业结构，促进集群中的产业发展。此外，良好的市场环境还能够吸引更多的企业，使产业集群的规模进一步扩大。

（三）产业集群能够形成区域品牌

产业集群的成功发展能够扩大这一区域内企业及产品的知名度，还会形成一种区域品牌。对于单一的企业来说，企业品牌的建立需要投入大量的财力、人力与物力，而对于集群中的企业来说，利用产业集群所带来的优势，很容易就能够建立起区域品牌，并且可以使集群中的企业都从其中受益。这种区域品牌不仅可以扩大该地区的知名度与美誉度，提升整个区域的形象，还能够提升产业集群的竞争优势。

（四）产业集群需要有完善的辅助性机构

产业集群作为一个整体，不仅需要核心产业的发展壮大，辅助产业的支撑也是构成产业集群的关键。一个产业集群的成功构成，需要众多辅助性产业的支持。产业集群是由企业、专门的供应商、服务提供者、金融服务单位、相关产业的制造商等相关机构组成的群体，同时产业集群还包含经销商、客户、辅助产品制造商和相关的专业基础设施供应商，提供专业培训、相关信息、标准制定、贸易协会等服务的其余有关民间社会机构等。只有核心产业与辅助性产业的共同发展才能推进产业集群的壮大。

（五）产业集群的发展需要产业转型升级的推动

产业集群是产业发展的新趋势，在发展过程中，产业集群中企业的转型升级已经是大势所趋。企业吸纳人才、创新改革、采用新技术，都能够促进转型升级。产业集群内企业的转型升级，既能实现整个产业的转型升级，又能增强产业的创新能力，同时还可推动产业集群的发展，使整个产业集群的竞争力得到提升，并带动整个区域甚至是周边区域的经济发展。

三、产业集群理论的应用

（一）产业集群的发展机制

1.产业集群的产业筛选原则

在区域经济发展过程中，产业的选择是其中关键的因素之一。城市的产业门类较多且待发展的需求较大，但是发展在资源、财政、人力等方面都受到一定的限制，并且产业发展的兴衰也是城市经济变化的重要表现，为了使城市经济良性、健康、可持续发展，在选择城市产业时，需要遵循一定的筛选原则。在选择产业功能时，必须从实际情况出发，使产业结构能体现出自己的优势和特色。产业筛选的原则如下：

①优势原则。优势主要包含可以进行衡量的现有优势与潜在优势两个方面，确定地域内的产业时要从实际情况出发，要立足于打造地域特色而与其他地域区分开来，从而进行分工合作。

②关联强度原则。各个存有较大关联性的产业与经济部门，彼此之间的合作互助能够有效地促进经济与社会的快速进步与健康发展，产业与经济部门在进行联系时可通过前向、后向关联和旁侧效应来促进彼此之间的进步。其中，如果存在关联性较强的产业比其他关联性较弱的产业先一步扩展，则可能会产生带动其上下游与周边其他产业甚至产生新型的较低等级产业的现象。

③优胜劣汰原则。如今的经济发展是一个庞大的、复杂的系统，其中的产业也是五花八门。为了提高产业发展的质量以及产品的精细化程度，产业集群必须拥有自我调节的能力，即在一段时间内不适宜发展的产业，应及时从产业链条中转变发展方向甚至剔除，以便快速适应现代经济的发展，不变成拖拉产业集群的不良因素，所以适者优先生存、不适者有限生存。

2.产业集群的形成条件

产业集群的形成并不是随意的，而是受很多条件的影响，只有在搭建好的条件框架下，产业集群才能扎根，最后才能壮大。

首先，优良的资源禀赋是产业集群形成的动因。强大的资源基础是产业赖以生存的根本，无论是气候还是土壤环境，这些都是影响产业能否发展的基本条件。优良的资源有助于主导产业的产生，也是产业扎根于这个城市的根本。

其次，活力的市场需求是产业集群形成的要点。要充分了解市场发展的需求，时时关注经济变化的走向和趋势，市场需求也是对新的发展方向的引导和提示。同样，市场也是生产之后的终了环节，价值的成败就体现于此，因此它也是与下游联系的重要窗口。

最后，弹性的产业链条是产业集群形成的关键。产业链条在上下游产业发展庞大之后会形成独具特色的链条网络。由此，适宜集群发展的产业，要能形成较为发达的纵横交错产业链条。

3.产业集群的发展环境

产业集群的发展离不开环境的影响，并且集群是一个大的综合性的集合体，所以集群环境的营造也是有助于集群发展的重要环节。

首先，特色的区域根植性是产业集群发展的资本。区域具有鲜明的特色，既是一个具有社会共识属性的优势，又是一个产业的代名词和名片。本土的产业具有更多的资源优势和便利条件，是产业集群生长扎根的重要基础。

其次，强大的政策支持是产业集群发展的保证。政策一直都具有一个领导指挥的作用，由于经济市场风云莫测，很多发展确实是不可控的，那么政策就是发展方向的把控者，是产业发展的坚强后盾。政策充当着多种角色，既可以是引导者，也可以是协调者，甚至很多时候还可以是合作者。

再次，活跃的科技创新是产业集群发展的动力。创新力量是由低级到高级进阶的推动力，是一个不断演化过程中最重要的产物，其中科技的创新是关键，技术的革新带来的是质的飞跃。要想培育和壮大产业集群，就需要创建合适的交流平台，达到"内交外联"的效果，使产业之间除去竞争外还能有相互促进的作用。

最后，完善的基础设施与配套服务设施是产业集群发展的根本。完善的基础设施有助于提高生产效率，并且在很多方面都可以节约相应的成本；同样，高质量的服务也将带来高质量的产品，因此完善的服务设施对产业的发展可以起锦上添花的作用。齐全的配套设施可以方便企业工作人员的生产和生活，基础设施和配套服务设施的完善程度也是一个产业集群发展程度的体现。

（二）产业集群的应用策略

1. 延伸产业链条，形成完整的产业集群

用产业结构的视角来看，产业集群也可以看作产品深度的伸长和产业链的延长。唯有按照经济发展规律指导产业组织的运行，协调产业本身及其相关产业之间的关系，使之符合经济发展的内在联系，才能进一步改善产业链，提高产品附加值，最终构成完整的产业集群，获取相应的收益。

若要产业集群进一步发展，政府需要强化产业链上的各步骤合理分工、专业化协作，这样才能建立合理的产业网络系统。众所周知，渔业产业属于一个复合型产业群体，它涵盖了国民经济体系中的第一、第二及第三产业中的多个子产业，跨度范围广，涉及门类多，所以更需要产业集群理论的合理运用。在实际操作过程中，船舶修造与零配件产业、渔具与仪器产业及信息服务产业要为捕捞业打好基础；捕捞业的发展要确保下游加工企业拥有良好的生产资源；水产品加工业要扩展生产领域、提高创新力度、聚焦集约化加工、以出产高附加值的水产品为方向，使产业链得到扩展，在市场中提供高质量的水产品，同

时要努力推动产业集群中的大型企业实行核心资源的技术升级和延伸。另外，还要善于利用产业集群的专业合作网络特性，将基本加工和分散加工转移到中小企业，形成扩散效应。其中，以核心资源为核心的大型企业以其核心竞争力和创造力主导整个系统，而许多中小企业通过业务分包进行非核心制造，产业集群经过一层一层的分散变成网状，最后完成组织网络化。

2.增强配套服务，优化产业集群发展环境

产业的发展，最重要的就是资本的支持力度，政府应与金融机构相互协作，营造一个资金充足的发展环境。

政府可以对相关金融机构进行政策上的帮扶，鼓励金融机构向中小型企业贷款，同时要降低贷款的利息，使中小企业有足够的资金来进行发展。在贷款的同时，也要核实这些企业的业务范围，以及对资金使用的去向进行调查。同时，也要对中小型企业的会计制度进行严格把关，将不合格的企业排除在帮扶名单之外，这样才能营造一个良好的金融及市场氛围，更加有助于中小型企业的发展。

3.促进区域品牌建设，提高产业集群影响力

产业集群发展的更高层次就是区域品牌。区域品牌是一个综合性品牌，它包括该地区大部分的最优秀品牌。它代表着整个地区的区域特征和整体形象，它可以与区域内的企业同享，比一个单独的品牌具有更强的综合实力。区域品牌不仅可以提升区域的知名度，还能够促进企业经济效益的增加，对整个区域的经济发展也有促进作用。区域品牌提升具有许多优势，不仅有利于扩大产业集群的影响力，还有利于巩固核心竞争力。实施区域品牌战略可以促进产业集群的发展。

政府在发展区域品牌的同时，也可以用政策手段，为区域品牌的发展提供一定的便利条件。行业协会应做好辅助工作，为区域品牌的发展提供必需的支持与帮助，创造更有利于区域品牌发展的市场环境。企业在保证产品质量的同时，还要积极对产品种类的开发等做出创新与突破，为区域品牌的创建打好基础。

4.健全监管体系，完善产业集群辅助功能

产业集群存在地域集聚的特点。它将与产业相关的企业、配套企业和有关的辅助机构，在同一个区域内聚集，结合成为灵活的生产综合体，组成该地区的核心竞争力。因此，要严格监督产品的质量，制定出合理有效的监督标准。

(三) 新兴产业集群培育

1. 新兴产业的形成机理

新兴产业是尚未成熟发展的潜力产业或新创产业，是处于产业发展初级阶段的产业，具有广阔的发展空间和一定程度的经济影响力。国内外学者都对新兴产业进行了持续探索，综合来看，国内外学者对新兴产业的研究持有不同的侧重点。其中，国外学者认为新兴产业中的新兴这一特性更为重要，也表明了国外学者对新兴产业的研究更加重视创新科技对经济的引领作用。国内学者对新兴产业研究的侧重点是新兴产业发挥战略性作用的强弱，主要是探究新兴产业对国家经济是否起到足够的带动作用和推动作用，所带来的经济效益效果是否有足够的意义和价值。由此可见，新兴产业是一个追求市场需求、完善产业发展、促进经济活力的重要因素，并且新鲜活力的注入有助于对其他产业的带动，以及对传统产业的完善与补充。

新兴产业具有指引经济增长、指引供给升级、指引产业转型的价值特性。培育新兴产业益于增强经济发展的可持续能力；虽然主导产业是一个地区经济发展的重要支撑，对经济发展起着重要的促进作用，但随着城市化进程的加快，以及发展环境和市场需求的变化，为增强发展动力就需要挖掘带动远期发展的新兴产业，培育下一个时期的经济增长点。

由此，本节将新兴产业的选择标准总结为三点：产业发展基础、产业趋势潜力、产业带动辐射作用。

①产业发展基础。新兴产业是在现状已有的基础和条件上发展起来的，新行业良性的发展需要有一个健康完善的生长环境和坚固扎实的基础支撑，这样才能够保证其扎根于这个城市的产业结构中，也是带来新的突破的重要保证，所以它既是一个新崛起的行业，也是对传统行业产业链条的补充和延伸。

②产业趋势潜力。产业想要有突破性的发展那么一定要顺应时代的潮流，紧跟当前发展轨迹，要在当前产业门类的发展过程中具有一定的优势和潜力。

③产业带动辐射作用。一类产业的崛起所带来的应该是一个行业的辉煌，新兴产业不仅要发挥自身的发展优势，还要发挥带动辐射作用。

2. 新兴产业集群人才培养

现代社会是以知识为重的社会。产业集群也是这样。只有引入大量的人才，产业集群才会有足够的活力去面对市场的竞争。同样，企业的领导层也应具备专业的素质。一方面，企业家应用发展的眼光看待企业，对员工的发展报以支持的态度，并鼓励员工对企业内部的改革提出建议；另一方面，企业要注重人才的招纳与培养工作，不仅要重视省内的高校毕业生，也要重视其他省份的高校毕业生，企业可吸纳相关专业的学生为其工作，也可以将企业内部的员工送到高校进修与学习。

（四）产业集群优化模式

产业集群之间的组织关系到产业的良性发展，所以优化产业集群之间的组织十分必要。

道路交通是集群之间相互联系的关键，作为骨架支撑着集群的交流联系，现有产业集群之间彼此独立，缺少交流的平台和沟通的途径，完善和优化加密路网密度十分重要。整个集群体系中需要完善的还有服务业，服务一直是一个比较大的缺口但同样也最具有发展潜力。由于各个产业集群所需服务业类型不同，服务业能够以散点式有针对性地插入集群中，以较小的规模形式从多方面补足。配套设施是提升产业集群质量的重要手段，能够促进资源最大化使用和共享，也在无形中提供了一种交流的机会。绿化环境由内部以补充式、斑块式到外围的渗透式形成内外呼应的系统，内部绿化环境不必有精致的复杂的组织方式，主要是将边角地块充分利用，做到绿化足量且简洁实用，同样起到共享的作用；外围的绿化渗透也是与更多集群相互产生关系的契机，以绿化作为交流的媒介柔化分区边界。各个产业集群都需要有创新动力，增加集群本身的竞争能力，然而创新并不是独立存在的，它需要相同产业之间的改进和不同产业之间的补充；在创新孵化过程中定然不能缺乏交流，散点式的服务便可以在其中起到一定调节和创造交流机会的作用。最重要的无论是什么类型的产业，都要无限拉长产业链条、留有弹性发展空间、增加转型概率，所以在发展过程中一定不能出现过饱和的状态，发展预留是必要准备。在生产发展逐步壮大的过程中，一些包装、物流、中介等服务业也随之兴起，形成了和谐运作的体系。

产业集群依照上述模式组织搭建，上升到更加宏观的一个层次之后，多种集群之间的组织模式主要依靠上下游产业链的衔接关系，形成以次要交流平台为转折点，以核心交流平台为中心的网络组织模式。其中交流平台的主要核心即产业发展环境营造要素，在这个网络组织模式稳定循环发展之后，再以相同的方式逐渐联系其他产业集群，形成无限可扩张的网络，并且良性循环下去发展更长的产业链从而编织成产业网络。产业集群也正如生物间的关系，合理的产业布局能够促使各类产业在空间上进行物质往复和能量交替，形成各产业主体间互利共生的状态，明确产业集群中每一个产业的职能和作用。各产业集之间彼此依赖、彼此牵制，从而形成和谐共同进退的局面。

　　传统产业集群经过时间的沉淀，有着当地独特的聚集形式，但是面对转型升级，传统的发展还是有很多需要改进和优化的地方。

　　一些企业有追求面面俱到、独立发展的倾向，致使企业间的合作交流较少、独自负荷较大、风险指数较高，因此对于传统产业集群更应该打通对外联系，改变封闭状态，增加交流机会，产业之间交流活动的组织和平台的搭建应被重视。产业园区内部组织混乱，重生产轻研发，缺少提供学习研究的场所和宣传咨询交流的空间；为了利于内部总结发展方针、积累技术经验、促进创新突破，产学研应该形成良好的合作机制。随着时间的推移，很多产业集群的设施逐步落后却往往被忽略，以至于产业品质处于粗犷低端的状态；提高环境质量和完善配套设施不仅有助于传统产业集群逐步向高端转型，也有助于提高产业集群之间发展和联系的舒适程度。

第三节　比较优势理论

一、比较优势理论概述

　　产业结构是国民经济中各产业的构成与各产业之间关系与联系的总和。首先需要确定的是，产业结构并无固定及确定的好坏与优劣之分。因此，在对产业结构进行分析时，首先应该确定一个判断区域产业结构优劣的标准，然后才能确定一个区域产业结构的调整方向。与此同时，产业结构优劣的判断与在此基础上的调整需要根据区域内部的生产力的发展状况来确定。从根源上来看，在生产力的构成要素中，对产业结构的影响因素有多种，如科技发展水平等。因此，需要在这些因素的基础之上，根据研究的重点，对这些要素进行选择与合并，这样才能准确有效地确定一定生产力条件下的最优产业结构。

　　然而，这些因素本身显得抽象而难以度量，需要通过对其表征现象进行综合的数据处理与分析，从而对这些因素进行度量与评判。例如，在某一指标研究中，这些表征数据主要包括各地区的经济总量与某一指标量。那么，在中国这个大经济体环境下，判断各地区各种产业的结构以及产业间的关系是否能达到经济增长与环境友好两个目标，需要通过对各地区的经济总量与某一指标量的统计与分析来实现。

这种统计与分析是站在数据的基础之上，通过对比某一指标量与某一指标强度的高低来进行判断的。然而，一方面对于一个产业来说，其某一指标量的高低并不是绝对的，同一个产业在不同的区域具有不同的某一指标强度，即便是传统意义上的高碳排产业，也有一些地区由于技术水平先进等生产力因素的影响，达到相对来说较低的某一指标强度；另一方面对一个由技术水平、劳动力素质等较低而造成整体某一指标强度较高的地区来说，也并不是所有产业都是某一指标强度较高的产业。因此，本节将运用比较优势学说来对产业与地区优势进行比较，从而在用表征数据反映抽象概念的同时，能够进行准确的比较，较为精准地对适宜区域生产力水平的产业结构进行初步的判断。

这种生产上的差异在各种产品上并不都是相等的。各个国家都应该权衡自身的生产技术与生产成本，集中生产并出口具有比较优势的产品，进口具有比较劣势的产品，从而达到双赢的效果。各个行业的增加值就是各个地区与行业的产品价值，而某一指标量则是各个地区与行业所支付的环境成本。我们通过对比各个地区与行业所支付的单位产品的环境成本——某一指标强度，就可以得到产业结构在区域中的适宜程度。

另外，中国的经济系统具有复杂的结构，各个产业部门之间的联系紧密，在对某产业进行区域经济结构调整之时，也会带动其他产业经济属性的变化。与此同时，其他产业经济属性的变化又会反作用于该产业，形成连锁反应。

二、比较优势理论分类法

（一）双相对优势分类法

双相对优势分类法，是在将某地区某产业与该地区其他产业的某一指标强度进行比较的同时，与其他地区相同产业也进行比较。根据双相对优势分类法，我们可以将各地区的各个产业分为双相对优势产业、单相对优势产业、相对劣势产业三种类型。

1. 双相对优势产业

双相对优势产业具有以下特点：相对于某地区其他产业，该产业某指标强度低于该地区其他各产业相同指标强度的中位数，同时相对于其他地区相同产业，该产业某指标强度也低于其他各地区产业相同指标强度的中位数。对于各个地区来说，双相对优势产业数量各有不同。这些产业是这些地区在保证全国产业结构合理的条件下，为实现经济发展所需要重点发展的产业。

2. 单相对优势产业

单相对优势产业（地区）存在两种情况：第一种情况是，某产业在某地区的所有产业中具有相对较低的强度，但是将该产业放入全国各个地区进行比较，该地区的该产业的强度偏高；第二种情况是，某产业相对于某地区的所有产业强度较高，但是将该产业放入全国各个地区进行比较，该地区的该产业的强度较低。

对于各个地区来说，两种情况下的单相对优势产业数量并不存在绝对关系。这些单相对优势产业，是对双相对优势产业的补充。在进行产业结构调整时，也可以选择一些具有单相对优势的产业进行重点发展。相较于第一种情况的单相对优势产业，第二种情况的单相对优势产业对于各个地区及中国这一大经济体来说，更有意义。当然，对于部分双相对优势产业与第二种情况的单相对优势产业都较少的地区，也可酌情考虑选择第一种情况的单相对优势产业进行培养与发展。

对于各个产业而言，其首选的重点布局区域是双相对优势地区。但是在分析双相对优势地区时发现，部分产业并未在双相对优势地区。此时，为了保证全国的产业结构完整及经济安全，则需要考虑选择单相对优势地区进行重点布局与发展。此时，应该选择第二种情况的单相对优势地区进行产业重点布局与培养，以使中国该产业整体具有较低的某一指标强度，从而降低中国整个经济体的该指标强度。

3. 相对劣势产业

相对劣势产业具有以下特点：相对于某地区其他产业，该产业某指标强度高于该地区其他各产业相同指标强度的中位数，同时相对于其他地区相同产业，该产业某指标强度也高于其他各地区产业相同指标强度的中位数。这些产业在区域以及区域间竞争均不占据经济增长与降低某一指标的任何优势。就各个地区的这些相对劣势产业而言，一方面并不鼓励发展，另一方面也需要通过学习其他地区发展经验，吸纳更先进的科技成果，改进管理方式、生产方式等。

（二）双优势分类法

双优势分类法，是在判断某地区某产业在中国是否具有强度绝对优势，即其强度低于全部地区产业强度中位数的同时，与其他地区相同产业进行比较，判断其是否具有相对优势的分类方法，同时它也是将绝对优势与相对优势结合的分类方法。根据双优势分类法，可以将各个地区的各个产业分为双优势产业、单优势产业、劣势产业三种类型。

1. 双优势产业

双优势产业指的是在所分析的地区行业中具有指标强度绝对优势，同时相对于其他地区相同产业，其指标强度也低于各地区该产业指标强度中位数的产业。

2. 单优势产业

单优势产业是指在所分析的地区行业中或者具有某一指标强度绝对优势或者相对于其他地区相同产业，其某一指标强度低于各地区该产业指标强度中位数的产业。单优势产业分为单绝对优势产业及单相对优势产业。

在全国进行产业布局及地域结构调整时，首选的重点布局区域是双优势地区。但是在分析双优势地区时发现，造纸及纸制品业、化学纤维制造业、非金属矿物制品业、黑色金属冶炼及延压加工业等行业由于本身的较高某一指标强度，并未设在双优势地区。为了确保这些国民经济发展不可或缺的行业，可以考虑选择单相对优势地区进行重点布局与发展。由概念可知，这些行业不存在于单绝对优势地区，因此可选择单相对优势地区进行产业重点布局与培养。

3. 劣势产业

劣势产业是指产业某一指标强度高于所有地区产业该指标强度的中位数，同时相对于其他地区相同产业，该产业指标强度也高于各地区该产业指标强度中位数的产业。这些产业既没有较低的某一指标强度，在相同产业区域间竞争时也不占据相对优势。与相对劣势产业类似，对各个地区的这些产业而言，尽管在目前的情况下并不鼓励其发展，但是仍有通过学习其他地区发展经验，吸纳更先进的科技成果，改进管理方式、生产方式等，降低某一指标强度，从而将劣势产业转变为优势产业的潜力。

第四节　区域经济发展增长论

一、增长极理论

增长极理论认为，增长极对经济发展的主要作用体现在：一是通过增加增长极内部的经济活动，使生产效率提高、边际成本下降，进而形成规模经济效应；二是通过增长极的衍射带动效应，在增长极产业上下游逐步形成产业链或在增长极地区周边通过产业互补形成区位经济；三是通过增长极作用形成外部经济，即使增长极内部成本下降。增长极理论的主要优点是与现实经济发展规律比较相符、鼓励创新和技术革新、容易被政策制定者所接受。

二、梯度发展理论

梯度发展理论认为，在经济发展过程中，因经济发展水平的不同形成了发达地区和落后地区，从而形成了经济梯度。梯度发展理论按照各梯度是否可以变化又分为静态定位理论和动态理论，静态定位理论认为各地区经济发展梯度一旦确定，便难以变动。静态定位理论与第二次世界大战后世界各国的发展实际比较吻合，但其不足主要体现在只重视发达地区的现有优势，忽略了落后地区的潜在优势，政策制定者以此为理论依据，将进一步加大梯度差距。

对此，结合第二次世界大战后部分国家和地区经济发展由低梯度迅速步入高梯度的实例，部分经济学家提出了理论，最有代表性的是迈达尔理论，该理论认为高梯度地区经济发展主要受极化效应影响，低梯度地区经济发展主要受扩散作用影响。高梯度地区，为预防经济衰退，将主要依靠创新、技术进步等内生增长动力来发展经济，以保持经济领先地位。低梯度地区将通过发展具有比较优势的产业，并积极承接梯度地区淘汰的落后产业，积极引进发达地区资金和技术，以实现经济发展向高梯度跨越。

第五节 发展阶段论

一、邓小平理论

（一）发展

1. "发展"在当代发展理论中的概念界定

"发展"在不同领域有着不同的界定，可以说含义是多种多样的。譬如，在经济学家看来，那所谓的"发展"无外乎就是"经济增长"，而在社会学家那里，"发展"就必须从"社会变迁"这一维度去探究。同样的道理，在其他不同的学科那里,"发展"概念也自然有着各自的侧重,有着其具体的范畴。本节的"发展"与日常生活中我们所说的"发展",以及哲学领域当中所指的"发展",在具体的含义方面是有一定的渊源关系的,但是又与日常生活中所说的"发展"和哲学概念中的"发展"在内涵和外延方面有着本质的区别。这里所说的"发展"是在第二次世界大战之后以一个崭新的词汇身份出现的。

"发展"在当代的发展理论中,有"狭义的发展"和"广义的发展"之分。其中,狭义的"发展"概念和"现代化"的概念可以说是同一概念,这一角度的"发展"概念往往指的是如何摆脱贫穷落后,在摆脱贫穷落后的道路上要做些什么,这些探索构成了这一意义的"发展"概念。"发展"的广义含义,说白了是较狭义含义更为丰富和广泛的含义,它将视线放到了整个人类社会的发展,即人类社会从农业社会向工业社会的转变这一过程。

我们这里所说的"发展",是放眼整个人类社会的,即整个人类社会那种向前的和无限的延伸过程,尤其是指整个人类社会那种不断地向前迈进的具体过程。不难看出,这里的"发展",绝不是局限于哪一个国家,哪一个区域的发展,而是人类社会所有国家的发展。

2."发展"在邓小平理论中的概念

在邓小平理论中,"发展"的问题便是"现代化的实现问题"。邓小平曾经指出:"我们所做的工作可以概括为一句话:要发展自己。"他还说过:"中国的发展路线,也就是基本路线。"不难看出,邓小平这里所提到的"发展",就是"狭义"概念上的发展,它不是指别的国家的发展,而是指中国的发展,即如何将中国这个经济和文化都较为落后的国家发展成一个富强、民主和文明的社会主义现代化国家。由此我们不难看出,这里所说的"发展",就是"实现现代化"。

由前面的论述,我们可以知道,在邓小平看来,"发展"有着与"现代化"相同的意思。因此,人民群众最为根本的利益便是社会主义的现代化建设,由此推之我国当前最大的政治那就是现代化建设。在多个方面的现代化任务面前,得有个重点、有个中心才可以,对我们国家来说,经济建设就是这个重点、这个中心。

同时,邓小平还认为发展是台阶式的,即横向的"台阶式"发展模式(先富带后富,重点带全局)和纵向的发展(隔几年上一个台阶)。对中国这个具体的国家来说,"发展"是有专指的,那就是搞社会主义的现代化。

也就是说，中国发展的实质就是在经济、政治、文化等领域开展全面的、多角度的发展。在此基础上，我们来让中国特色的社会主义现代化得以全面而顺利的实现，进而将我国从传统的社会带入现代社会。邓小平紧跟时代步伐，清晰地认识到了中国发展的实质，对中国社会的进一步发展起到了积极的推动作用，所取得的成就是有目共睹的。

（二）邓小平理论的立论依据

邓小平理论是马克思主义与当代中国的革命、当代中国的建设实践及当代中国的时代特征相结合的产物。这一理论包含着诸如政治经济学、哲学、科学社会主义等方面的具体内容。发展理论是邓小平理论的核心内容。狭义方面的"邓小平理论"主要涉及整个理论体系中的部分内容，如社会发展问题等一些相对具体的或者说是相对直观的部分内容，换言之，主要就是邓小平对社会主义初级阶段发展问题的一些具体认识或阐述。

随着改革开放这一重要政策的实施，中国经济建设得到迅猛的发展，人民的生活水平得到极大的改善，可以说邓小平理论为中国的经济建设指明了方向，并在不断发展中形成了中国特有的发展理论指导着实践继续前进。这一理论的形成有其重要的依据，具体表现在以下几点。

第一，依据对国际形势的正确判断和对当代世界主题的科学把握。在国际形势的判断上，人们曾长期认为世界战争是不可避免的，为提防战争的随时发生，人们总是处于警备状态，没有相对长久稳定的时间搞经济建设。

第二，依据对当代中国国情的正确判断。在社会主义建设时期，中国共产党对中国社会基本国情的认识，曾存在模糊的状态和错误的认识。过去出现过许多严重阻碍中国社会发展的错误，根源就在于人们对基本国情的认识不正确，造成了错误的判断。中国的科技不发达、生产力相对落后、劳动生产率低下，城乡差距较大，这些都是建设社会主义必然要经历的特定阶段。

党的十四大报告在阐述中国特色社会主义理论时指出，中国的社会主义初级阶段建设，需要很长时间，甚至需要一百年的时间，这就要求人们要面对现实，实事求是，不能盲目冒进。中国共产党在制定路线、方针、政策时，始终要以中国的基本国情为依据，决不能脱离实际，超越阶段。党的十五大报告再次强调，中国社会主义社会仍然处在初级阶段并将长期处于初级阶段，并指出在这一阶段中国社会的主要矛盾是生产力与生产关系的矛盾。只有发展生产力，才能把经济搞上去，才能化解矛盾，促进发展，因此社会主义的根本任务就是要大力发展生产力。邓小平在这样的国情背景下，先后提出了改革开放、发展才是硬道理、社会主义初级阶段理论等重要发展思想。

第三，依据对国际共产主义运动经验教训的总结。面对东欧剧变、苏联解体、社会主义阵营面临低谷的严酷现实，邓小平审时度势，高瞻远瞩，借鉴苏联解体的教训，站在历史的高度，放眼国际舞台，把中国的发展问题放置在人类社会发展和国际发展问题之中，并进行客观考察、审视和论证，不断总结经验教训，揭示了中国社会主义建设发展的规律。

二、"三个代表"新发展

第一，"三个代表"重要思想继承和发展了邓小平理论的"经济建设中心论"，提出了中国共产党"代表中国先进生产力的发展要求"，体现了生产力是社会历史发展最终动力的思想。总体来看，"三个代表"重要思想是对邓小平"经济建设中心论"的新发展。

第二，"三个代表"重要思想继承了"先富共富论"，同时根据当代中国发展的新特点提出了要代表中国最广大人民根本利益的思想观点，强调"最大多数人的利益是最紧要和最具有决定性的因素"，并着重就如何实现"共富"做出了新的回答。

第三，"三个代表"重要思想继承了"两手抓"这一思想方法，把"总揽全局、协调各方"作为推动当代中国发展的重要原则，进一步发展了邓小平理论。

三、科学发展观

（一）理论基础

科学发展观是对毛泽东思想、邓小平理论和"三个代表"重要思想的继承和发展，是马克思主义唯物史观在当代中国社会发展中的具体运用和生动体现，是中国共产党指导发展实践的重要哲学基础。科学发展观在解决中国发展的实际问题上，始终以科学的世界观和方法论为基本指南，在发展问题上，始终坚持具体问题具体分析，坚持实事求是的理论精髓，把马克思主义基本原理同中国实际情况相结合，以理论指导实际，以实践丰富理论的发展，把马克思主义唯物史观应用到政治、经济、文化、科技、生态等社会各个方面，在科学的理论指导下，不断创造发展。

（二）价值取向

价值观是人们在长期的社会实践中形成的，具有普遍性、社会性、根本性等特点。以人为本是一种价值观的体现。历史唯物主义指出，社会历史发展一直都是把人作为发展的目标和动力，这个结论的社会历史前提也是人。马克思主义的理论和实践的最终目标，都是为了实现人的自由和解放。可以说，马克思主义的价值取向就是以人为本。

邓小平理论中虽未明确提出"以人为本"的观点，但人本思想在邓小平理论中已有充分体现。邓小平理论是以人的发展为最终目标的，他在领导中国人民走向改革开放的道路中，强调贫穷不是社会主义，贫穷不能体现出社会主义的优越性。邓小平把人本思想引入社会主义核心价值观中，使人民群众摆脱了贫穷落后的困境，大幅度提高了人民群众的生活水平。邓小平强调经济的发展离不开人的作用，人的素质的提高、人才的培养对经济发展具有重要作用。中国共产党一直坚持走群众路线，以为人民服务为党的宗旨，这些都是以人为本价值观的体现，与科学发展观的思想精神是相一致的。

（三）形成原则

经济是一切发展的前提和保障，任何工作的展开都离不开发展，无论是国防建设、学术研究、科学探索、娱乐文化等都需要强大的经济来支撑，没有经济发展也将无从谈起。邓小平反复强调，马克思主义把发展生产力作为一切发展的关键，而社会主义的首要任务、中心环节就是发展生产力。并且他还提出现阶段促进生产力提高的中心环节就是科技，科学技术给全世界带来了翻天覆地的改变，他对此提出了"科学技术是第一生产力"的科学论断。

我国的经济发展起步很低，在很长一段时间里经济发展处于停滞不前的状态，邓小平特别注重经济发展速度，迫切希望我国快点摆脱贫穷落后的状态，他认为只有经济发展了，才会带动其他发展，经济增长的快慢完全可以体现一个国家发展水平的高低。因此，他从中国的具体国情出发，提出了阶段式、跳跃式的发展计划，设计了"三步走"的战略思想，加快了中国经济的发展速度。随着社会的进步，人们已经深刻地意识到经济发展给国家、社会、家庭乃至每个社会成员带来的改变，如果没有把经济建设作为发展的中心，人们将无法想象现在所拥有的美好生活会是怎样的存在。人类社会有着自身的发展规律，经济发展虽然不能涵盖人类社会发展的全部内容，却能带动起社会方方面面的发展。科学发展观提出发展是第一要义，如何促进发展成为经济发展的首要问题。

（四）创新发展

科学发展观，以更准确、更通俗、更简洁、更易于为人民大众所接受的表达方式，指导着实践发展，并在实践中丰富和发展了邓小平理论。科学发展观中的重要思想是对人类社会从原始发展到现在，以至未来所追求的发展的浓缩概括。经济的发展必然会给社会带来许多的矛盾和问题等，为了解决这些矛盾和问题，党的十六届三中全会提出要"坚持以人为本，树立全面、协调、可持续的发展观，促进经济社会和人的全面发展"。

四、新发展理念

随着社会经济的发展，国内外的经济环境、社会条件和发展目标与要求等都发生了巨大变化，中国社会经济在取得巨大成就的同时，也面临着一系列问题。党的十八大根据我国社会发展的新变化、新要求提出经济建设、政治建设、文化建设、社会建设、生态文明建设即"五位一体"的总体布局。这一新战略，受到学术界和理论界的高度关注和研究，并在党中央的推动下层层推进落实。2015年10月，习近平总书记在党的十八届五中全会上提出了创新、协调、绿色、开放、共享的发展理念，即新发展理念，他强调坚持新发展理念是关系我国发展全局的一场深刻变革。新发展理念作为发展的一种新导向，对我国县域经济的发展同样具有重要的作用。在一定程度上可以说，新发展理念是指导我国县域经济科学发展的具体原则和理论方法。

（一）坚持创新发展

在县域经济发展的过程中，要把创新摆在全局的核心位置，通过推进理论、观念、体制、科技、文化、管理等方面的创新培育发展新动力；通过优化土地、技术、劳动力资本与管理等生产要素的合理配置激发创新活力；通过实施新政策、改革旧体制、完善保障体系、健全激励机制、引进创新人才等营造创新环境；通过推广新技术、发展新产业、实施新管理等创造新的增长点。

（二）坚持协调、绿色和开放发展

协调发展、绿色发展和开放发展是新发展理念的基本内容，三者紧密相连，推动着县域经济的科学全面和可持续发展。当前我国县域经济发展存在严重不平衡、不协调，产业结构不合理，资源消耗大、环境污染严重，发展封闭等问题。这些制约着县域经济的健康快速发展与长期可持续发展。为此，在发展县域经济的过程中，要协调不同区域之间、不同城乡之间的平衡发展，通过政策倾斜与扶持加快边远、落后地区的发展；要优化产业结构、节能减排，通过加大科技投入、发展循环经济、加大环境保护力度等实现绿色发展。

（三）坚持共享发展

"共享"在党的十八届五中全会中得到了很好的阐释，是新发展理念的内容之一，也是发展县域经济以实现共同富裕的重要原则。对新发展理念的分析和坚持离不开对科学发展观的梳理和深化，在基于新发展理念对县域经济发展进行研究的过程中，务必要厘清二者的关系，要在继承发展的基础上深入贯彻落实新发展理念。

新发展理念既与科学发展观一脉相承，又是中国特色社会主义理论与实践的重大创新。新发展理念不仅为新时期中国特色社会主义建设提出了新的发展思路和发展方向，也为当前中国特色社会主义建设提供了新的发展着力点和方法指导。新世纪新阶段，必须坚持用新发展理念来指导县域经济的发展，促进县域经济科学、全面发展。

第六节　可持续发展理论

一、可持续发展的定义

人类的发展使得人类的文化、科技在不断地进步，但是由发展引发的环境、资源等问题也在日益加剧，甚至正在破坏人类已取得的发展成果。因此，人类在取得基本的生存条件之后，便开始思考如何能够减少旧的发展模式带来的负面影响，以使人类能够持续地发展下去，于是提出了"可持续发展"的概念。可持续发展是人类不断探索和总结出的最科学的发展方式，其主要的观念就是要着眼全局，不以牺牲日后长远的发展为代价换取当前的快速发展，更不能牺牲他人的利益来谋求自己的利益。

寻求发展是各个国家实现摆脱贫困、走向工业化和现代化道路的必要途径。随着全球社会实践的不断深入，人类对寻求发展的方式也逐渐产生变化。

传统的发展理念强调把国民经济增长当作衡量发展水平的唯一指标，把追求工业化、现代化当成唯一宗旨，各个国家盲目追求经济上的增长，忽略环境的承受能力，进而引发一系列环境污染、生态恶化的严峻生态问题。

自此，人类对自然的认识开始发生转变，对传统的经济发展模式进行反思，加深了对经济、科技、环境、文化和人口等因素的综合考量，从而提出了可持续发展理念。各国人民由于生活背景和认知程度的差异，对可持续发展理念的理解存在细微的差别，但是总的来说，宏观概念是相同的。

二、可持续发展的基本原则

可持续发展主要包含四个基本原则：一是公平性原则，即无论是本代人之间，还是多代人之间都应公平地进行资源分配和利用；二是持续性原则，即人类的发展要从长远角度出发，一直维持在发展进步的状态中，不能为追求某一时刻的高速发展而对未来发展的倒退埋下隐患；三是共同性原则，即各国之间的发展目标和最终结果应该是共同的，都是为了使人民的生活越来越好；四是和平性原则，即世界各国发展的前提应当是和平的，虽然可能会伴有小摩擦，但是总体上应当是友好、和谐、无战争冲突的。自提出可持续发展理念开始，经过多年的理论完善，现在可持续发展理念已被多国纳入国家发展战略中。

（一）公平性原则

一是代际公平；二是当前时期人与人之间的机会公平；三是人与其他物种和自然之间的机会公平，在追求经济高速发展的同时，必须保证环境不被破坏，自然界中的其他物种同样享有平等发展的机会。这三点之间相互联系、相互制约。公平性原则是可持续发展模式与传统发展模式的根本区别，任何种族或个体都不应在发展过程中享有特权。

可持续发展追求在人类整体内部建立公平机制，包含代际和代内公平。代际公平，即当代人和后代人在利用自然资源、满足自身利益、谋求生存与发展上权利均等。当代人的经济发展不应以牺牲后代人经济发展为代价，当代人有义务向后代传递精神和物质文明，同时也应该将良好的生态环境传递给后代，以维持后代经济的可持续发展，传递可持续发展的生态文明精神。

代内公平，即同一时代不同地区的人对资源的占有和分配应该尽可能地达到公平，不同地区的经济发展也应该具有相同权利，同代内各地区应均衡发展，尽可能满足各地区人的基本生活需求，共同努力实现美好生活的愿景。如果不能保证代内资源公平分配、经济公平发展，就会加大同代人之间的贫富差距，进而破坏人与环境之间的和谐共处。

代内公平是代际公平的保障，如果代内资源公平分配实现不了，就很难实现对后代资源、利益的保护，经济发展的公平性也将受到破坏。要想达到人与人、人与自然的和谐共处，就必须公平地协调各种经济利益纷争，积极地维护社会秩序的公平与和谐。

（二）共同性原则

实现可持续发展政策需要发挥个人的主观能动性，人类生活在地球上拥有享受良好环境资源的权利，同时也应承担起保护地球环境应尽的义务和责任。虽然各个国家、各个民族在经济、科技等方面发展水平不尽相同，同时各自采取的可持续发展方式也是多元化的，但全球可持续发展过程需要遵守的原则应该是相同的。地球的生态资源环境是人类生存发展的首要前提，凡是生活在地球上的人都应该主动履行保护环境的义务，这是人类共同的责任。

（三）持续性原则

随着人口的不断增多，世界各国为保障本国国民的基本生活需求，都不得不把经济的发展放在首要位置。传统的"高生产、高消耗、高污染"经济增长模式只会加深对环境的破坏程度，使经济、生态、社会的发展呈现一种恶性循环。基于此，世界主要经济发达国家和地区目前就经济增长模式达成共识，那就是应建立经济增长新模式，将重点由经济增长量转移到增长质量上，减少能耗、提高生产效率、开发清洁加工技术，努力实现经济、社会、生态的共同可持续发展。

生态可持续发展的前提是合理开发和利用自然资源，同时维护生态多样性、保护生态环境，在自然承载力范围内有限度地开采自然资源，积极有效地治理环境污染。生态可持续发展、经济可持续增长都是社会可持续进步的保障，我们需要通过提高人口素质、大力发展医疗事业、普及环保科学知识、维持社会稳定等方式实现，使环境保护理念在社会中产生共鸣，让人们从主观上意识到不要过度生产和浪费资源，进而转变为环保的生活理念。

在持续性原则中，所谓持续性是指生态环境受到干扰时，仅凭借其自身力量就能保持其生产率的能力。资源的持续利用和良好的生态循环是实现可持续发展的前提条件。持续性原则并不代表人类就不能使用自然资源，人类可适当地改造生态环境和合理利用自然，但对生态环境的利用和开发必须在其承受范围内进行。

（四）和平性原则

和平的社会环境是经济、社会稳定发展的前提，世界和平能让各个国家和地区集中精力开展经济建设，努力提高综合国力，完善国内基础设施，改善国民生活水平。美国普林斯顿大学国际关系学教授乔舒亚·戈尔德施泰因（Joshua Goldstein）曾说过："战争消灭财富，使经济消沉，给市场带来消极的影响，因此，阻止经济发展，破坏繁荣。"和平是对生命的敬畏、对贪婪欲望的抑制、对梦想的肯定。战争中的生命只是一种牺牲品，生命只有在和平的环境中才能绽放绚丽的风采，才能为实现伟大理想而努力奋斗。和平环境能够抑制对自然资源无限制的掠夺，为可持续发展积累资本。

三、基于可持续发展视角下的县域经济发展

可持续发展战略的提出意味着要修复、保护、合理使用自然资源和环境，使其能够为未来经济发展提供源源不竭的动力。而县域经济的可持续发展应包含以下几个方面的内容：一是全面发展，不仅包括经济、人口等多方面发展，还指向发展的质量、数量和速度等问题。二是持续发展，主要是实现对自然资源的永续利用。三是协调发展，县域经济可持续发展的核心问题是保持人与自然环境的和谐。四是坚持以人为本的发展，在发展过程中要切实维护好、实现好人民的利益，绝不能有损人民的切身利益。五是质效发展，县域经济作为国民经济的子系统，是科技兴国、科技兴农的基本平台，依靠科技进步是县域经济可持续发展的必要途径。县域经济若仅仅以高投入、高消耗、低效益、高污染方式去追求发展，则必会落入恶性循环的窠臼。

第三章　县域经济可持续发展的规划

县域经济在我国国民经济体系中有着特殊重要的地位，是国民经济的重要组成部分，是一个地区经济发展和社会稳定的重要基础。本章分为县域农业可持续发展规划、县域工业可持续发展规划、县域旅游业可持续发展规划、县域服务业可持续发展规划四部分。主要内容包括县域农业发展现状分析、县域农业可持续发展规划策略、县域工业发展现状分析、县域工业可持续发展策略等方面。

第一节　县域农业可持续发展规划

一、县域农业发展现状分析

（一）生产规模较小，种植成本高

农业经济发展的主要指标是农业产量和生产规模。当前，只有少部分地区实现了大规模农业生产，很多地区生产规模都比较小。小规模生产在一些偏远地区更加常见，影响了产量。当前农业资金投入力度不足，基础设施建设不完善，技术比较落后，农业经济发展模式不够先进，已经无法满足新时期农业经济发展的需求。

就目前而言，个体农户仍然是我国农业领域的重要组成部分，以家庭为单位的土地承包制度仍然是我国农业的主要经营模式。在该模式下，人均耕地面积小且分散，不利于统一管理。大部分农户未意识到生态农业循环系统建设的重要性，致使生态农业循环系统建设的推动力量严重不足。

生态农业循环系统需要将传统的农药、化肥替换为有机肥及低毒害农药。

同时，在生态农业循环系统的构建过程中，需要注重利用生态系统的力量，借助生态链防治虫害对农作物的损害。这就导致生态农业循环系统的种植成本较高，部分以经济效益为主要目标的农户无法顺利构建生态农业循环系统。

（二）市场量大，供过于求

我国农产品的产量大，但是在市场上的销售停滞不前，很多农业养殖人士只重视生产，而无视与市场的有效衔接，对农业市场没有进行深入的了解与调查，也没有准确地统计生产产品的数量和类型，对数量的增多盲目跟从，最后就导致市场上相同种类的产品数量过多，类型单一，买家难买，卖家难卖。

这就要求在注重生产的同时也要重视市场的需求，要针对市场的需求生产独一无二的产品，形成有效的市场信息。由此可见，与市场进行有效的衔接对促进农业经济的发展有重要的作用，应该高度重视。

（三）发展农业产业的观念不够坚定

一些地方政府和相关部门对发展农业产业没有清晰准确的认识，思想达不到高度统一，认为农业产业的投资大、见效慢、回报小，对税收没有明显的贡献，所以一直没有重视。具体表现在：有特色的产业发展过多，产业的规模化水平较低；对产业的发展没有展望，使产业的发展断断续续，随着管理人员的更换，产业的发展也随着变化，浪费了社会资源，严重打击了农民的生产积极性；有项目做支持就发展产业，有钱就发展，没钱就放弃，使产业的发展长期处于被动的状态。还有一些地方认为地区没有较大的产业和品牌做基础，就没法让产业顺利发展，忽略了产业基地和农民之间相辅相成的关系。

（四）生态农业经济发展理念不足

调查研究表明，我国大部分农村地区的农业种植者缺乏农业生态意识，目前我国的主要农业种植模式还是以家庭为单位的小规模种植。随着社会经济的发展，当代农村的年轻人往往会选择外出务工或求学，想要通过其他的渠道改善自己的生活条件。这样的思想观念导致了真正留在农村地区务农的农民群众往往年龄较大，文化水平较低，受到传统农业种植模式的影响较大，缺乏对农业生态经济的认识，不能够透彻地理解生态农业对农业经济发展的意义，很难真正地产生思想转变，不愿意投入资金去尝试新的农业生产模式。这种情况导致生态农业从根本上就很难进行大规模推广。

与此同时，生态农业技术科普范围不够广泛。我国经济发展的主导产业逐渐倾向于第二产业和第三产业，对于生态农业的创新研究重视力度不够，生态农业技术水平发展缓慢，这也是影响生态农业经济发展的重要原因之一。我国对生态农业技术研究投入的资金和力度相对较小，生态农业技术研究受到了一定的限制，总体来说还维持在一个较低的水平。但仅仅就目前农业技术研究和农民知识水平的关系来看，二者依旧没有得到很好的融合。

我国的生态农业技术研究主要还是以实验室和试验田为主，并没有将目前的研究成果真正地面向第一生产线的农民群众进行推广，也没有被农民群众所接受。同时，我国生态农业技术的研究结构并不合理。目前的生态农业技术应用主要还是为了提高农产品的产量，并没有重视生物技术的利用。相对于提高化肥肥力、利用机械加大种植面积的技术方式，生物技术可以更好地改善当地的生态环境和土壤退化等问题，减少当地农业污染，使农业产量平稳、可持续地提升，而不是过度消耗当地的自然资源。按照目前的农业生产结构来看，技术推广仍然侧重于化肥和机械等方面，推广结构并不合理，没有真正地体现生态农业。

整体而言，我国的生态农业建设存在缺乏专业的技术人员、资源配置不合理等问题。在我国进行生态农业试验田的种植时，伴随技术人员的监督，生态农业试验田往往可以取得很好的效果，然而，随着技术人员的离开，农民群众缺少了专业性的指导，最后很难将生态农业试验田的种植技术维持下去。农民群众学习能力较弱，接触外界的途径较少，很难在短时间之内迅速地掌握相应的科学技巧，而农村地区又缺少专业技术人员随时对农民群众进行技术指导，最终生态农业的建设只能以失败告终。

因此，基层技术人员的配置是生态农业能否长时间维持的重要因素之一。我国领土面积较大，农业种植地区相对来说较为分散，每个地区都有不同的自然环境和生态模式，并不是说将技术传达给农民群众，就完成了建设生态农业的任务，还要根据当地的实际情况，不断地调整生态农业经济发展方案，时刻考虑当地的农业发展特点，只有这样才能够真正发挥生态农业的正面导向作用。

（五）农业循环经济法律体系的保障力度不足

法律制度不完善，意味着对农业循环经济发展中遇到的相关问题，缺乏对应的法律支持与保障。现有的法律体系未能充分体现农业循环经济的发展要求，尽管对循环经济已经进行了一些立法，但受立法时认识层面的限制，导致实际效果差强人意。《中华人民共和国农业法》《全国生态环境保护纲要》等法律法规的一些零散规定体现出了发展农业循环经济的思想，但是面对复杂的需求与农业发展环境，这些法律法规的保障性和操作性远远不够。

二、县域农业可持续发展规划策略

（一）主体层面的发展规划策略

1. 保证农民的主体地位

保证农民的主体地位，发挥他们的积极性和主观能动性，把"要他发展"转变为"他要发展"。以农户为主体是实现产业规模化、专业化生产的根本基础，也是提高产业经营水平和持续发展的重要环节。在实现专业化生产时，有关部门必须要依靠农民的主体力量推动产业的发展，同时也要提高农民的组织化程度。

2. 加大政府的扶持力度

政府要更好地发挥宏观调控的作用，就农业循环经济模式做出正确的判断；要正视农业循环经济的价值，认识到当前形势下发展农业循环经济的必要性与紧迫性；要以此为基础，提升责任意识与使命感，更好地参与农业循环经济发展。农业循环经济发展不仅是当前农业社会升级的有效路径，也是发展中国家弯道超车、追赶发达国家的重要选择。

政府在提高认识的基础上，要科学制定发展规划。作为一项系统的工程，农业循环经济的发展涉及的领域较广。在实际工作中，需要坚持因地制宜、实事求是的基本原则。只有脚踏实地进行布局与安排，才能在坚持农业循环经济理论的基础上，更好地促进农村地区农业产业的发展与升级，为本地区农业循环经济发展提供必要的战略引导。

政府要加大投资力度，结合农业循环经济发展潮流，发挥好掌舵人的作用，正确把握农业循环经济发展脉络。政府一方面要加大基础设施建设与投资，为农业循环经济发展打下坚实的基础，另一方面要在能力范围内做好对财政投资的管理，消除在投资管理方面存在的弊端。在支出结构上，政府需要调整对农业循环经济的支持力度。在收入结构上，政府需要完善税收，助力地区农业循环经济发展。例如，政府可以通过设置生态建设税的形式，将所收的税款用于治理本地区的环境污染等，更好地发挥政府的引导和宏观调控作用。

3. 发挥群众的自治力量

发展农村集体经济，群众始终是主体。从相关资料可知，普通劳动占比与农村集体经济总收入呈负相关关系,也就是说我国部分地区农村劳动力的流失对农村集体经济的发展已经形成了阻碍。因此,如何阻止农村劳动力进一步外流从而为农村留住有效劳动力,对发展农村集体经济十分重要,对振兴乡村也尤为关键。

一方面是要鼓励有能力的农村劳动力留在农村,加强他们在发展农村集体经济中的参与感。在大力发展农村集体经济的同时,不断地提升群众的自我管理和自我治理能力,可以通过群众的民主决策选择群众满意的好项目,也可以鼓励群众参与村级事务管理,赋予他们管理村级集体经济的权力,从而提高群众的参与积极性。这些举措既可以增强群众的主动性,从而有效激发群众的内生动力,又可以增强群众对村集体的信任和对发展村级集体经济的信心,最终实现群众口袋的富裕和精神世界的富足。

另一方面是要吸引更多的爱乡人士返乡创业,提高他们在发展农村集体经济中的获得感。首先是可以为他们提供多方面支持,例如可以为回乡创业者提供税收减免政策和金融贷款优惠政策等,有条件的地区还可以为他们提供专业人士的指导。只有给有能力、想干事的人提供一个好的发展平台,才能更好地为农村发展留住人。不仅如此,这样一群人还可以为农村创造一批新的就业岗位,帮助更多的人实现"家门口就业",自然也能为发展农村集体经济提供更多更有效的动力。

4. 强化基层管理队伍力量

在我国,农村集体经济经营管理队伍建设整体呈现不容乐观的态势,这并不利于农村集体经济的发展。为了促进农村集体经济更好地发展壮大,解决好基层管理队伍建设问题是关键。

(1) 增强基层政府的责任意识

首先是加强基层基础建设,选优配齐基层力量,夯实基层干部主体责任,大力宣传发展村级集体经济的政策、措施,要把发展壮大村级集体经济的重要性和必要性根植进广大干部的脑子里,帮助他们摸清自己村的家底。其次是落实好乡镇村两级监管责任,乡镇党委和政府要对村级集体经济的发展担负首要责任,村两委要对村级集体经济的有效运行和管理担负直接责任,可以把村级集体经济管理成效作为各个村年度考核的主要衡量指标;最后是县级各部门要对村级集体经济的运行提供相应的配套设施和有效服务。例如,相关部门要在政策、资金、项目、技术、体系建设等方面提供服务,为村级集体经济的有效运行提供相应的保障,确保村级集体经济行稳致远、不断发展壮大。

（2）加强农村管理人才队伍的建设

首先，要做好农村管理人才的保护措施，提高农村管理人才的待遇，即提高村干部年均报酬总额。现阶段，我国农村管理人员的薪酬待遇整体偏低，在西部地区表现得更加明显，这也是导致农村管理人才不断流失的原因之一。为了防止农村管理人才的流失，提高待遇绝对是良策。提高农村管理人才的薪酬待遇，不仅可以改善他们的物质生活，同时也可以给他们更好的精神慰藉，可以让他们认识到自己所做的努力是被肯定的，从而增强他们的获得感和幸福感。当然，要在提高待遇的基础上，赋予他们更好的人文关怀。例如，建设配套的学校、养老机构及基本的保障体系，解决管理人员的后顾之忧，让他们可以全身心地投入发展农村集体经济的伟大事业中去。同时，还要建立管理队伍的分类培养机制。针对不同类型的管理人员，要做到因材施教、人尽其才，发挥出他们的最大效用。

其次，要建立管理人才激励约束机制。政府可以学习现代企业人才管理的考评制度，建立起"成绩与业绩"挂钩的考评体系或通过"实绩+民声"的干部考核机制，打造一条"有奖有罚、奖惩分明"公开透明的晋升体系。例如，每年组织开展一次绩效评估，每半年组织一次专项督查，并做好考评结果转化工作。同时，对在有效期限内未完成村建设任务的首要负责人和直接负责人等予以问责，在没有突发情况下，连续两年未能完成村建设任务的村集体主要负责人没有资格参与村集体下一届负责人的竞选。这种做法在很大程度上既可以大大地激发现有农村管理人员的积极性和创造性，也可以淘汰掉那些想要"搭便车"的人。

最后，要加大对农村管理人才的引进力度。要积极引进优秀的外部管理人才，为农村发展注入新的血液、引入新的点子、拓宽新的思路、激发新的斗志。在经济全球化的发展过程中，人才具有很强的流动性。人才之所以会不断地流动，是因为各地的政策优惠程度不一样、各地对人才政策的贯彻落实程度不一样。想要将人才政策落到实处，各地就要创新人才引进、培养、激励等方面的机制。例如，提高对"三支一扶"人员的待遇，目前"三支一扶"人员只享有基本的政策补贴，在这个竞争激烈的社会，对于广大的毕业生来说并不具备吸引力。因此，合理地调整其待遇并建立健全岗位晋升机制，不仅可以引进更多的优秀管理人才，也可以大大激发在岗人员干实事的斗志。

(二)经济层面的发展规划策略

1.构建农业数字经济

(1)打造乡村IP

随着我国信息技术的发展和数字化建设力度的不断加大,新媒体已经成为当下的一种全新文化传播模式,越来越多的行业通过新媒体实现了新的发展,甚至一些已经趋于衰落的行业通过新媒体重新焕发了生机。因此,打造乡村IP,建立乡村产销一体化模式已经成为乡村发展的另一个"风口"。

乡村IP的打造,目前最为成功的当属"三农"短视频自媒体。"三农"短视频自媒体就是利用视频拍摄的方式,将田园生活展示在互联网上,通过网络传播到全国乃至世界各地,引起文化共鸣。这种文化共鸣,不但可以促进乡村旅游的发展,还能够建立起文化品牌,销售相关的农副产品,实现品牌经济效益。目前,我国许多乡村也在跟随这一模式,在相关政府部门的引领下,建立起有地方特色的乡村IP,通过新媒体的传播,让乡村IP成为新的乡村名片。

(2)打造特色小镇

所谓特色小镇,不是行政区划当中的城市,也不是较为常见的技术产业园区或是房地产商开发的城市综合体,而是以乡村为中心,围绕乡村建立起的集生活居住、生产消费及旅游观光为一体的农业综合体,是乡村振兴的又一经济文化增长点。例如,早期比较著名的丽江古城,就可以看作比较传统的特色小镇。

经过近年来的发展,特色小镇的功能也更加丰富,除了地域特色、景观特色外,文化的独特性也是当下比较受追捧的特色小镇核心内涵。我国从古至今都是农业大国,民众对于农村都有着深厚的历史和文化认同,这是一种精神层面的需求。加深特色小镇的文化内涵建设,就是打造文化认同感,让更多的城市人群找到心灵的契合点与归宿,拉近城市与乡村的距离。

2.调整农业经济发展模式

(1)集约化发展

考虑到大部分地区依然是小农经济的发展状态,资源及资金浪费现象比较严重,各地政府需要发挥牵头作用,进一步推进规模化、集约化农业的生产模式。只有这样才能提升当前农业生产水平,最大化利用土地资源,提高农民收入水平。

（2）生态农业

在追求农业经济效益的同时，还应当关注社会效益和环境效益，大力发展生态农业，发挥农业的生态功能。各地政府需要根据本地区生态系统的特点，开发与之配套的生态农业技术，如减少"三废"污染的净化技术等。

（3）智慧农业

在条件允许的情况下，各地政府要把互联网技术应用在农业发展的各个环节之中，如建立"互联网+农业"平台，科学控制农业生产、销售等环节。各地政府还可以建立农业大数据库，帮助农民分析当前种植市场的需求情况，找寻产量和需求量大的产品。

（4）其他模式

在农业生产过程中，要积极引进先进科技，丰富当前农产品结构，增加农产品种类，满足多元化的市场需求，增加农民收益。要想实现农业结构多元化发展，就需要合理配置农业经济产业链。当前，很多地区都是小规模种植，给管理工作带来了较多困难。在今后发展过程中，要积极推进大棚种植等能够集中管理的种植方式。

各地发展情况不同，政府需要结合实际情况，探索适合本地区特色的农业产业，同时，要做到产销结合，增加农民收入，让农民有更高的生产积极性。

3. 发挥金融机构的支农作用

要加强农村金融机构建设，创新农村金融服务，更好地保障农业循环经济发展。为了更好地支持农业循环经济发展，农村金融机构要进一步完善和发展现有的业务品种，合理地利用和选择现有的政策性法规，努力为农业循环经济发展争取更多的支持与保障。

农村金融机构需迎合时代发展潮流，加强金融业务创新，在条件允许的情况下，为农业循环经济发展量身打造相关金融产品，进一步提升农村金融机构在农业循环经济体系中的参与程度。这对农村金融机构未来发展也是一次重要的选择。

4. 实现农村集体资产的科学管理

我国农村集体经济的发展主要依靠对村级自有总资产的利用，村级自有总资产与农村集体经济总收入呈现出十分显著的正相关关系。换言之，提升农村集体资产的管理水平，可以有效地促进农村集体经济更快更好地发展。如何实现农村集体资产的科学管理，可以从以下几点入手。

(1) 完善村级集体资产管理机制

首先,要建立和完善村级集体资产、资源、资金的台账。要实行政治和经济分开两本账的管理模式,要明确村集体经济组织是市场的主体部分,要学会按市场的要求建立起管理村级集体资产的有效制度,适应市场的需求,进行市场化运作。其次,要规范村级财务管理机制。要严格审批每一笔收入和支出,在开源的同时也要做好节流的工作,尽可能地减少非生产性支出,努力把好财务关。同时,为了保证财务的公开透明,村级相关的财务工作可转为乡镇代管或委托专业机构进行管理,规范村级集体经济收、管、用制度和办法,加强村级集体资产管理。最后,要建立健全民主管理制度,加强日常的动态监督,健全村级集体经济民主决策机制,公开决策内容,设立规范的决策程序,从而确保全体党员和所有群众可以有效地行使知情权、参与权、表决权和监督权等基本权利。

(2) 提高对农村集体资产管理的水平

首先,要提高相关工作的准入门槛,要丢弃旧思想"任人唯亲",要大力鼓励"任人唯贤",从源头上提升从业人员的素质水平。其次,要加大对从业人员的专业培训(如开设会计电算化课程等专业课程),同时也要鼓励从业人员执证(如会计证等)上岗提高从业人员的专业度,从而提升农村集体资产的管理水平。最后,要加强对计算机技术、互联网技术等现代信息技术的学习。随着互联网的广泛普及和不断深入,计算机已经成为人们工作生活中重要的一部分,农村集体资产管理水平想要进一步提升,同样也离不开对计算机的使用。计算机和互联网技术的应用不仅可以提高农村集体资产管理工作的效率,同时也可以增强资产使用的透明度,更加有利于农村集体经济的发展。

(3) 挖掘农村集体资产的附加值

应鼓励村集体经济组织依法合理开发利用农村集体的荒地、山林、水域等自然资源,发展好农村集体经济。对于地理位置条件较差或发展空间较小的村,可以由乡镇政府牵头,与城镇规划区建设、开发区建设相结合。同时,对于拥有较好地理位置且产业发展较好的村,可以在原有产业的基础上衍生出新的产业,通过兴建或改造生产车间、厂房店铺、员工宿舍以及库房等,给第二产业和第三产业的发展提供生产经营用房和各类生产生活资料市场,从而为村集体经济创造出更多的收入。

5. 健全生态农业经济发展奖励机制

生态农业经济发展面临的最大阻碍是农民群众并不愿意接受生态农业经济

发展模式，没有了解生态农业经济发展模式对农业发展的巨大意义，他们认为花费时间和精力去学习新兴的模式，并不会带来巨大经济效益的提高。这样的想法对于生态农业的发展造成了巨大的阻碍，想要改善这样的情况，需要建立健全生态农业经济发展奖励机制。对于国家来说，生态农业的发展是为了保证农业经济的可持续发展，改善我国的生态环境，而对于农民群众来说，农产品是家庭的收入来源，效益才是农民群众选择农业种植方法的重要衡量标准。

因此，政府需要确立完整的生态农业发展体系。首先，政府应为农民群众开展生态农业建设提供大力支持，鼓励机制需要从农民的角度出发，可以对积极采用生态农业生产模式的农民群众给予适当的补贴和农业税收的减免，让农民群众感受到切实的实惠。其次，政府可以开辟部分专项用地，改善当地的土壤，让农民群众真正看到生态农业对当地土壤种植条件的改善，让农民群众了解到生态农业的确可以增加农产品的产量，创造经济效益，从而加强农民群众的参与积极性，推动生态农业经济的发展。

6. 构建农业经济可持续发展评价指标体系

在当前农业经济发展的过程中，如何有效实现绿色农业评价成为农业工作者必须关注的内容。这是当前我国农业经济实现飞速发展的关键所在。

对于农业经济发展来说，构建出色的农业经济可持续发展评价体系势在必行。

（1）建立可持续发展的效益评价指标体系

在农业经济中践行可持续发展战略，需要一整套行之有效的可持续发展评价指标体系，尤其是需要建立与完善效益评价指标体系。效益评价指标涵盖了资本保值增值率、资产负债率、流动资产周转次数、成本费用利润率、资金利润率、产成品资金占用率、人均销售率等。这些效益评价指标的建设与完善，在一定程度上推动了农业产业效益的提升。在践行可持续发展战略的过程中，农业经济自身发展的特殊性，要求在可持续发展效益评价指标体系建设过程中，不仅要保证农业经济发展的行业特点，而且要满足盈利的需求。为此，在效益评价指标的筛选上，要充分立足农业经济发展的特点，结合农业散户、规模化农业生产等情况，筛选相应效益评价指标，为推动农业经济可持续发展奠定坚实的基础，满足农业经济可持续发展的要求。

（2）建立可持续发展的成本控制评价指标体系

从成本控制评价指标体系的建设来看，农业经济的各项成本与费用问题是农户或规模化农业经营者长期关注并努力改善的问题，通过成本与费用控制，可以提高农户的经济效益。农户组织农业生产，一方面是为了满足自身的粮食需求，另一方面是为了实现盈利。对于农业生产来说，成本费用与利润之间有较为密切的关联。

在农业生产上合理降低成本费用，能够确保农业生产获得更为出色的经济效益，确保利润得到提升，确保农户在运营过程中有更出色的经济收益；合理控制成本费用，能够促使农户在农业生产上有更为出色的市场竞争力。

对于农业生产运作来说，成本费用对农产品价格设定有较为关键的影响。若是农户不具备较高的成本费用，那么必然会有较低的农产品定价。若是有较高的成本费用，意味着低价会使农户处于较为被动的境地。合理控制成本费用，能够使农户有更低的成本支出，从而使农户在激烈的市场竞争中有较为出色的市场竞争力，有助于确保农户在激烈的市场竞争中始终保持价格优势。

成本因素是实施绿色农业战略的根本，也是发展绿色农业的根本目的。在农业经济发展过程中，绿色农业评价系统对于绿色农业发展有重要价值。在绿色农业评价系统的构建上，成本控制是核心。

在成本控制的过程中，要保证成本的最低化，以最有效满足环境健康、实现可持续发展为基本目标。成本的控制不是盲目控制，而是基于一定的标准和目标进行的控制。在可持续发展成本控制评价体系建设的过程中，成本控制评价指标涵盖基本的人力、物力、资源成本，以及在农业经济发展过程中需要的资源消耗。成本控制评价指标体系的建设，要基于成本控制的需求展开，同时要满足农业产业长久发展、可持续发展的需求。

（3）建立可持续发展的固定效果评价指标体系

从固定效果评价指标体系的建设来看，在农业生产的过程中，固定效果评价指标是衡量农业生产经济效果的重要指标之一。要想全面评价农业生产的经济效果，需要从建立整体的绿色农业观、绿色农业及其评价理论、寿命周期评价理论等角度出发，给出科学的绿色农业评价体系概念界定。

在固定效果评价指标体系建设过程中，应树立起正确的绿色农业观。在农业活动开展过程中，一方面要渗透绿色建设理念，使农业始终践行可持续发展理念，推动可持续发展评价指标体系的完善和发展；另一方面要用可持续发展的理念推动农业经济发展，促使农业经济发展过程满足绿色需求，充分契合可持续发展要求。基于固定效果视角进行可持续发展评价指标体系的建设，是农业经济发展的新举措，也是推动农业经济实现效益最优和成本最低的辅助手段。

7.加强农业大数据在农业经济管理中的应用

（1）建设农业大数据互联网平台

为有效促进农业大数据快速发展，政府相关部门首先应加快农业数据信息资源的整合，充分发挥互联网平台共享性、开放性等特点，有效推动大数据在农业生产、经营、管理中的有效应用，不断改革创新传统农业发展模式，优化农业生产产业体系，同时健全和完善相关经营和服务体系，使其能够系统全面地服务农业，最大化发挥自身作用；其次，应有效整合农产品资源，建立完善的农业生态产品数据库，从而在一定程度上加强国家和当地政府对特色农产品生长情况的监控和监测，再利用遥感技术对数据进行检测分析，实时统计上报农产品相关信息，同时对农产品的数据信息进行实时共享，不断扩充农业产业数据库，有效落实现代化农业方面的资源共建共享政策；最后，应在农业数据信息资源实现共享的前提下，通过有效提升农业数据信息分析、预测和整合能力，实现农业数据信息资源的有效处理。在新时代发展中，政府相关部门还应根据消费者对农作物的需求进行特色农产品市场品牌打造，构建相应的农作物产业市场预测监测指标体系和数据信息分析系统。

政府相关部门可以通过分析探究国内外农业市场消费者的需求，制订相应的农业发展方案，探索出更好的农产品生产销售模式，满足社会发展和消费者的需要。政府相关部门要及时发布农产品价格变动信息，同时要利用大数据对农业市场进行严格管控，提高农产品价格更新的及时性和相关信息的准确性，确保市场各项工作正常开展。另外，一些社会服务组织还应加大为农民和现代化新型农业经营主体提供个性化市场信息等相关服务的力度，不断提高服务的有效性和准确性，从而更好地帮助农民了解和掌握农作物生产方面的现代化技术和方法，使他们清楚国家有关市场调控的政策和方针。

（2）建立健全现代化农业生态体系

在现代化农业发展过程中，政府相关部门应以农业大数据依托互联网平台，借助新时代现代化信息技术将农业信息资源进行有效融合，对农业产业大数据信息资源统筹兼顾，提高农产品的质量和产量，打造现代化农业新产品、新模式和新生态；通过利用大数据技术，对农业、金融业、建筑业、制造业等多个行业进行全方位、系统性布局，对其相关数据信息资源进行收集整理，对其所有信息进行储存，从而为土地规模化经营和精准农业落实中存在的问题提供有针对性的解决措施。

在对土地所有权进行确认时，土地作为重要交易物品，利用现代化技术对其产权实现交易有利于土地的良性发展，而集中物权、股权和产权，将其信息进行有效整合，使其形成一个整体，则有利于促使土地大规模流动，加快土地产权的交易速率。农民利用大数据技术既可以实时清楚相关农业信息，提高农业生产效率，又可以对农产品成本和利润进行有效预测。

因此，建立健全和完善现代化农业生态体系，能够有效实现大数据农业经济管理，为农民农业生产活动提供便利。借助大数据技术，农民能够掌握农作物种植和收获的最佳时间，了解准确的气候变化，有利于精准农业的实现，同时能够对土地情况进行分析，进而有效预防病虫害对农作物的损害，使农作物健康生长。在新时代背景下，将现代化技术和农产品质量提高有效结合，不断创新现代化农业发展模式，能够使农产品质量得到保障，进而能够满足新时代人们对绿色健康农产品的需要。

（3）加强农业大数据建设

农业大数据在农业经济管理中的应用优势：能够有效降低农民种植成本，提高农作物质量和产量，使农民收益增加；能够保护农业生态环境，有效减少耕地污染，提高农业生产中水资源的利用率；能够结合当地气候条件和地势为农户提供最佳的种植方案；有助于改革创新传统耕种模式，科学合理地利用大自然资源；能够有效降低农业生产和种植成本，使农作物吸收充足养分。农业大数据建设不仅能够减少农业化学品的使用，促进农产品质量和产量的提高，还有助于实现农业经济的可持续发展，有效提升农业生产的经济效益。

（三）产品层面的发展规划策略

1. 扩大农产品流通渠道

要建立健全农业信息网络，尽快适应农业的产业化发展。要利用互联网的公开性和信息性，扩大收集信息的渠道和方式，引导农民自主参与到市场中，参与商品的流通，不断扩大农产品的市场规模，培育农民经纪人队伍，使服务工作不断增强。要积极鼓励农民加入产品流通发展协会，逐渐建立成熟的农业社会化服务体系。要积极探索新的流通方法，努力扩展市场，解决流通堵塞的问题。

2. 加强农产品认证工作

绿色生态的关键指标和促进农业"众筹"的影响因素是人们对生活品质的追求。为了确保产品的安全和质量，人们直接或间接地控制产品生产。众筹准备工作很简单，并且在许多情况下涉及绿色营销。在有效号召的条件下，必须加快促进劳动力规模化，减少交易费用，提高资源的利用率，增加销售收益，冲破限制我国农业发展的自然经济的局限。各地政府应根据实际情况客观合理地铺就农业发展之路，构建独特的农业发展品牌。

作为农业项目的新型融资方式，农业众筹在其发展初期将遇到众多难题。投资时间长且不稳定性高，加上资金众筹平台管理的不完善，也为众筹业务的发展带来了很大的弊端，特别是对农业众筹而言。但这样的方式能够减去中间环节，减少农民销售农产品的压力，节约消费者的消费压力，为农产品生产风险、消费者的食品安全等提供重要保障，因此农业众筹可能会成为现代化农业发展的一个全新模式。

（四）技术层面的发展规划策略

1.大力发展农业机械化

随着我国工业化的迅猛发展和科学技术水平的不断提升，科技兴农已经逐渐成为解决农业问题的基本方法。

（1）加强政策扶持和资金保障

在基层农机推广工作当中，推广人员要将工作中遇到的问题和困难及时向当地有关政府部门报告，以便争取政策和资金的扶持。政府相关部门要重视基层农机推广工作，除政策的倾斜外，还要保障和落实各种专项资金、购置补贴及时发放到位，让农民有钱购买农机。此外，政府相关部门还可以打通农机厂商的供货渠道，使农民能够买到价廉物美的农机具。

（2）加大农业机械化发展的宣传力度

要想使农民充分认识和接受农业机械化，就必须加大基层宣传的力度。由于城乡发展的长期不平衡，优质教育资源向城市倾斜，导致目前我国农民文化水平偏低，对新事物的接受能力有限。

因此，要想加大基层农机推广的宣传力度，就要针对农民的这一特点，采取一些通俗易懂、接地气的宣传方式，让农民加深对农机的了解。定期到农村举办农机推广会，聘请专业人员现场为农民讲解和演示操作方法，是最有效的推广手段。此外，还可以利用当下最有效的"互联网+"技术，使用农民比较乐于接受的短视频推广方式，做好基层宣传工作。

2.提升农业技术的推广能力

政府必须发挥带动作用，向企业及个体农户积极推广农业技术，促使企业及个体农户将农业技术应用于实际。针对农业技术推广工作，我国政府应成立专业部门负责并落实工作职责，促使每一位工作人员都能够积极开展农业技术推广工作。

此外，政府还可以借助互联网提高农业技术推广效率。例如，在互联网上寻找先进技术相关视频，通过剪辑、合成等手段，为企业及个体农户提供视频教学，为农户提供更好的服务。

3. 引导科研机构的研究方向，做好农技服务工作

若想引导科研机构的研究方向，一方面需要科研机构现有工作人员提高对生态农业系统的重视程度，积极研发先进的农业技术；另一方面需要加大人才培养力度，通过学校教育引导学生对相关领域产生浓厚的兴趣。同时，农技服务必不可少。只有做好农技服务工作，才能够促使所研发的农业技术真正投入生态农业系统中。

(五) 其他层面的发展规划策略

1. 完善土地政策

科学规划种植土地和完善土地政策是促进生态农业系统可持续发展的基础。

一方面，过度开垦使我国生态系统遭到严重破坏，因此在生态农业系统建设的过程中，需要提高土地利用率，将并未被利用的土地退耕还林。

另一方面，我国政府应当加强对土地承包制度的控制，适当引入土地规模化经营，提高农户生产积极性，提高生态农业的收益，促使越来越多的农户扩大种植规模，为生态农业的发展提供保障。

2. 深化农业结构调整

促进农业结构调整、加快农业产业升级是使现代农业快速发展的重要环节。农业发展要坚持以市场为发展方向，根据高产、安全、高效的要求，促进农产品集中在优势地区；要调整和优化内部产业结构，把单一的粮食生产转变为向林、果、粮和畜产业等全面发展；要大力发展粮食和畜产品，使农业发展产业化，同时也要大力发展非农产品，促进农村第二产业和第三产业的快速发展，创建现代农业和农村生产体系；要重点发展绿色、特色农业，特色农业必须以环境特色为主。

3. 将惠农政策落到实处

一是政府在政策方面，要加大对农业生产的支持力度，引导农民积极发

展现代化农业，切实提高农产品的深加工水平，以增加农产品的附加值，帮助农民增加销售途径，增加农产品的销售量和销售范围，提高产业经济，提升农民发展绿色产业的积极性；二是政府要严厉打击强行出售农业用地的行为，保证农业土地资源不被侵害；三是降低农民税费，并在这一基础上，完善补偿制度，给农民实实在在的福利；四是积极引进人才，为发展低碳农业提供足够的人才保障，确保先进的农业技术能够实实在在地运用到农业生产实践中，切实推动农业产业的低碳改革。

4.合理利用当地自然资源

习近平总书记提出了循环经济发展的新模式，这是一种环境与产业和谐发展的模式，目的在于达到人与自然的和谐发展。

由于我国国土面积广阔，各地的土地状况各有不同，在传统农业经济发展的过程中，我国部分地区已经针对当地的土地资源情况做了合理的农业调整，梯田就是我国农业发展中出现的特色农业种植方式。发展生态农业经济，同样需要针对各地区的实际情况，考察当地的土地资源情况，合理调整科学技术的应用，针对不同地区建立不同的农业生产体系，使各个地区都能够得到农产品产量和质量的提升。

在技术利用的过程中，要充分利用不同地区自然资源优势，有针对性地选择不同的农产品作物和种植体系，将农林牧副渔多个产业合理地结合一起，使不同的农业类型之间能够资源互补，以维持当地的生态平衡，全面落实乡村振兴视域下的生态农业经济发展。

5.提高财政补助资金的利用率

要实现乡村振兴，单靠国家涉农资金的支持是不长久的。财政资金用得好、用得对，对农村集体经济的发展将会有明显的促进作用。相反，如果财政资金用错了、用不好，那么就不利于农村集体经济的发展。

因此，对各级部门有关"三农"发展的所有资金进行有效的整合，从而设立财政专项扶持资金，因地制宜、因地施策，有计划地使用财政资金，发挥好涉农金融的助推作用，提高财政补助资金的利用率，这才是发展农村集体经济的正确做法。具体可以从以下几方面入手。

一是利用涉农资金盘活农村的自有资源，稳固好经营型集体经济的来源。政府可以通过整合各部门的涉农项目资金，设立财政专项扶持资金，提高专项资金中用于扶持薄弱村级集体经济发展项目的比例。

例如，利用村集体土地承包经营权流转并借助涉农资金的扶持，对农户自愿流转的或撂荒的土地实施统一经营管理，这样就可以将零碎的土地整合起来，从而实现土地规模化经营，再由村集体作为中间组织牵头，组建起以"企业＋村集体＋农户"等多方共同参与的农民合作社、土地合作社等联合组织；也可以做好原有村集体自留地的招商引资工作，通过委托专业的机构实行"统一规划、统一建设、统一经营、统一管理"的发展模式来兴办乡镇或村办企业，以共同经营或者资金入股等形式合理开发利用原有村集体自留地，实现土地效益的最大化；或者是实行返租倒包，利用涉农资金把农户手中的闲置房屋、土地承租过来，用于发展乡镇企业或乡村公益设施建设项目，或者通过修缮和整理后再租给符合用地条件的经营户，增加村级集体经济收入。

二是利用涉农资金组建村级股份经济合作社，优化产业结构。村集体组织应利用涉农资金建立农贸市场、临时停车场、物流仓库等各类生产生活交易市场和服务设施，创办、领办各类经济服务体，发展农家乐、渔家乐、乡村旅游、滨海旅游、电子商务、光伏发电等管理服务项目，为产业发展提供配套服务，获取服务收入。

同时，对于具有自然景观、人文历史等资源优势或者具备发展潜力的村，可采用财政支持及土地、资源入股等形式引进社会资本兴办乡镇企业，发展生态休闲、民俗文化、民间文艺等旅游项目。对涉农资金的合理规划使用，不仅可以提高涉农资金的利用率，为增加农村集体经济收入开辟更多的有效路径，拓宽村集体的收入来源，还可以为农村集体经济更好地发展提供丰富的物质基础。

6. 大力开展乡村旅游

随着我国城市化的快速发展，在钢筋水泥的城市中生活已经成为主流，高效、便捷和忙碌是城市生活的主要特征。近年来，随着生态文明建设的实施和发展，人们开始回味乡村生活，渴望感受乡土气息。

（1）突出乡村旅游的特性

乡村旅游不同于传统的人文景观旅游，它在一定程度上实现了深度参与，让游客在观赏朴实乡村风貌的同时，还能够充分体验乡村生活，生火做饭、采摘耕种，这种沉浸式的旅游体验正是城市游客所需要的。

例如，江南的采茶，不仅可以促进茶园的建设，还可以增加茶叶的销量；而西北的窑洞，除了风土人情和民俗的体验外，还能够促进西北农村基础设施的建设，将窑洞与酒店相结合，开发特色民宿，可以让游客在体验乡村生活之余，提升旅游满足感。乡村旅游本身具有资金成本低的优势，如果舒适度再得到较大的提升，无疑就会成为当下最具性价比的旅游形式，为乡村带来新一波的经济增长。

（2）因地制宜发展乡村旅游

尽管各地的乡村旅游在发展的形式上较为一致，都是致力于游客的沉浸式深度体验，但不同地区的乡村旅游，可以根据其地域特点进行特色化的项目打造，如平原耕种、山林采摘、沿海捕捞等，利用不同的地域风貌和民俗风情，将乡村旅游"别致化"，只要不离开"乡村"这个根本，不脱离农业这个主体，就能够实现长足的发展。当地的旅游文化部门应深度挖掘地方特色，拓宽旅游项目，延长农业产业链，实现农村文化和经济的双重发展。此外，乡村旅游，还能够带动当地特色农副产品的销售，使当地的农副产品"活"起来，走到更远的地方，为农民带来二次创收，一举多得。

（3）助力红色旅游的发展

我国的农民阶级在新中国的开创和发展历程中发挥过重要作用，是历史的创造者和推动者，也是国家发展的见证者。因此，在发展乡村旅游时，有一项基于中国特色的旅游项目是不可忽视的存在，那就是红色旅游。早在2004年，红色旅游的发展和规划就已经成为国家重点建设的项目。

通过近些年的发展，如今的红色旅游已经初具规模，发展态势良好。在战争年代，农民阶级就是中国共产党的发展根基，许多农村革命根据地都是星火燎原的见证。以"农村包围城市"为战略指导的人民军队与农村深度结合，在我国广大的农村都留下了光辉的足迹。

例如，井冈山、西柏坡等在中国革命进程中发生过重大历史事件的地区，如今都已经成为著名的红色旅游景点，每年前往这些革命圣地学习、参观的游客不计其数，对当地的经济发展起到了巨大的促进作用。此外，红色旅游的发展与休闲旅游不同，它具有不可比拟的教育宣传功能，因此，发展好红色旅游，还能够带动其他相关产业的发展，如党员培训基地、干部学院、红色博物馆等，这些相关产业的发展与红色旅游相辅相成，共同助力旅游业的发展，为乡村振兴提供重要的支撑和保障。

（4）转变农民经营思维

目前，我国乡村旅游产业已经达到一定的规模，集休闲、娱乐为一体的乡村旅游项目众多，每年接待的游客数以亿计。然而，我国广大农民阶层的文化水平普遍不高，这导致他们创新思维不足，缺乏长远的目光，很容易为眼前的利益所迷惑，出现"跟风"浪潮，将乡村旅游变得千篇一律，让人乏味，也容易出现恶性竞争，使乡村旅游的发展受挫甚至引起反噬。

因此，要实现乡村旅游的长远发展，就要转变农民的经营思维，加强对农民的教育培训，从思想上转变农民的经济思维，提升农民的创造性，依托旅游项目开发出更多的新产业，杜绝全村同质化，避免乡村旅游这一经济增长点成为鸡肋，进而影响我国农业现代化的进程。

7. 积极扶持建立各类市场化服务主体

欠发达地区农业社会化服务主要是以基层组织和农技部门相配合来进行的，总体上体现为公益性，这是目前农业社会化服务的基础。各类农业经营主体在转型升级走向新型化的过程中，向社会提供服务时往往面临有能力、无市场的窘境，这主要是因为很多经营主体面对市场化的服务往往是无力承受的。

因此，成本较低、方便实用、全方位的服务就显得极为迫切。但这是目前欠发达地区农业经营主体在市场化条件下所无法解决的，因而基于新型农业社会化服务组织长远发展考虑，政府扶持和购买服务就成为一种非常有效的方式，这应该是当前发展状态下的一种必然选择，是一种极其有效的支农惠农方式。

因此，欠发达地区必须建立健全政府主导型的农业服务主体，建立长期、稳定的政策体系，推进市场化运行方式，提升农业生产的公益性服务水平，这样才能确保新型农业经营体系和服务体系的健康发展。

第二节　县域工业可持续发展规划

一、县域工业发展现状分析

改革开放以来，我国工业高速发展，经济增长主要依靠生产要素的大量投入和对资源的高强度开发，这种经济增长模式是比较粗放的，且能耗高、投入大、效益低是其典型的特征。更重要的是，大部分传统产业和产品的价值链处于低端。就拿制造行业来说，目前，制造行业产业链的各个环节都在从附加值低的加工制造环节加速向研发和品牌等附加值高的增值服务环节转移，但是，传统优势产业主要集中于较为低端的加工制造环节，附加值明显较低，在高端的研发、品牌等附加值高的环节处于劣势，具有国内外影响力的科技研发机构和知名品牌很少。

传统产业在粗放发展中，长期拼资源、拼要素、拼投资、拼成本，只注重经济增长，而忽视生态环境，进而导致资源濒临衰竭，生态遭到严重破坏。目前传统产业的发展优势已经较弱或者已经丧失掉，传统工业产品附加值较低，工业经济发展将失去传统的竞争优势。

因此，走发展传统产业的工业道路是行不通的，必须探索出一条新的绿色的工业发展道路，从而摆脱旧的粗放的发展方式，培育新兴优势，以此来支撑工业的发展。

二、县域工业可持续发展策略

（一）完善县域工业发展的配套政策

站在全球角度来看，美国、日本等发达国家已经在智能制造产业发展上获得了政府部门的有力支持，政府部门的财政资金也逐渐朝着研发创新领域倾斜。站在国内视角来看，在工业制造产业创新发展上，政府应完善配套政策，在条件允许的情况下可适当增加税收、财政优惠政策，给相关企业的创新研发提供足够支持。政府的作用不可忽视，政府通过健全优惠政策可以有效激发企业创新活力，吸引越来越多的企业加入制造创新队伍中来，最终为推动县域工业发展贡献力量。政府一定要用长远目光来看待智能制造发展，要充分意识到智能制造对县域工业进步的影响、价值。对于一些还处于发展初期的企业，政府要加强保护力度，给足企业充分发展的时间和空间。

政府可以在适合的区域设立试点单位，通过设立试点单位能够让更多区域了解到智能制造，从而提高社会对智能制造的认可度和接受度，这样不仅能够为培养储备人才提供条件，还能够为探索新方法和新模式奠定基础。

（二）推进县域工业信息化建设

1. 支持企业信息化建设

（1）加强财政支持力度，满足信息化发展需求

政府有关部门需要结合各大工业企业的具体发展情况，适当加大财政支持力度，加快核心信息技术的研发进程，提升产业化建设水平。政府有关部门需要针对原有的电子政务系统进行大力完善，积极鼓励各大软件产业和集成电路产业快速发展。对于重点示范企业，政府有关部门需要给予一定比例的贴息，并结合其实际资金需求，采取良好的支持措施。

此外，政府有关部门还可以通过培养高素质的市场咨询监理，全面建设各类先进的评价机构，鼓励其积极参与到工业信息化指导与帮助工作之中，起到桥梁的作用，确保工业信息化实现多维度发展。

（2）全面优化法律法规，提高信息化发展水平

政府有关部门通过适当完善法律法规，能够确保网络信息资源得到高效管理。同时，政府有关部门还应加大信息安全管理力度，找到电子商务安全管理当中存在的漏洞和不足，并及时优化。政府有关部门还应建立完善的监管体系，确保工业信息化市场发展秩序更加规范化，一旦发现违法行为，要严厉打击。

政府有关部门通过建立完善的工业信息化法律法规体系，不仅可以改善现阶段县域工业信息化过于混乱的局面，提升各项信息的时效性与真实性，而且可以满足工业信息化的可持续性发展需求，避免出现泄漏与盗用现象，为后续的工业信息化发展提供良好基础。

2. 促进信息化和工业化协调发展

政府有关部门通过科学应用各项信息化技术促进信息化和工业化之间的良好互动，可以为县域工业信息化开发和研究提供有效的指导与帮助，同时，以此为基础，加强工业信息化理论研究，采用科学的方针与政策，可以确保县域工业信息化任务顺利完成。工业化与信息化之间的良好融合，具有相互促进的作用，两者之间存在一定的内在联系，工业化是信息化的重要源泉，而信息化则是工业化的派生物，两者之间联系紧密。从另一个角度来分析，信息化虽产生于工业化，但并不完全是工业化附属物：工业化是信息化的重要前提，信息化可以说是工业化的后续发展与延伸；信息化是工业化发展的主要工具，而工业化则是信息化发展的核心载体。工业化与信息化之间要保持良好互动，通过加强协调力度，能够满足工业信息化的协调发展需求。

3. 明确主要发展方向促进工业信息化快速发展

结合工业信息化特点和工业信息化的发展现状可知，工业信息化的主要发展思路是在遵守工业发展的基础上，不断加快工业信息化的现代化发展进程，并加强国民经济信息化发展力度，针对现有的信息化产业要优先发展，确保工业信息化的发展进程逐渐加快。同时，要适当提升工业对信息和信息技术的有效运用，并优化既有的工业信息化体系，加强产业与信息化之间的完美结合，调整原有的工业产业结构，确保工业信息化的各项优势得到良好体现，使两者之间的结合效果得到充分展示。

（三）纠正工业主体发展观念

在企业智能制造发展过程中所涉及的主体主要包含企业、政府、媒体等。

意识决定行为，在"工业4.0"背景下必须转变主体发展观，明确"工业4.0"所带来的价值与意义，这样才能在真正意义上促进智能制造持续发展。企业、政府等主体应明确"工业4.0"中提倡的智能制造发展范畴，摒弃传统发展思路，抓住机遇创新优化发展路径。智能制造并不只是意味着在工业制造流程中实现智能化，还包括管理、物流、服务等方面。这些环节是相互连接、相辅相成的，其中任何一个环节出现问题都有可能影响其他环节的正常发展。其中，生产制造智能化主要是指在对产品进行改造、加工时要提高智能化水平。

因为国内许多工业制造企业还未完全实现智能化，所以会存在硬件不满足智能制造要求的情况，而在"工业4.0"环境下这些企业必须加强硬件更新换代，给产品智能制造提供硬件支持。管理智能化是指将各种各样的信息化技术加以融合，对工业制造企业经营活动进行指挥、协调、控制，融入更显著的智能化特征，在决策、结构优化、质量管理、仓储管理等方面均实现智能化。物流智能化是指通过传感器、GPS等技术对运行中的产品进行定位，时刻了解产品所在位置、运输情况。物流智能化不仅能够有效降低物流成本，还能够降低社会资源消耗量。服务智能化则是指利用智能控制系统对企业各阶段的服务情况进行监督。

无论哪一个环节都与企业智能制造发展密切相关，所以，在"工业4.0"背景下，企业必须正确认识管理、生产制造、服务、物流等环节之间的关系，采用互联网、云计算等技术促进各环节密切结合，构建智能制造工业体系。而政府作为企业智能制造发展的主要监督、引导力量，必须结合政策做出正确指引，使企业智能化水平能够得到不断提升。媒体在报道相关事件时也应站在客观角度准确阐述，通过媒体力量拉近国内智能制造企业与国际智能制造企业的关系，实现国际交流，增强国际竞争力。

（四）构建工业协同创新体系

智能制造不只是工业制造企业的任务，目前已经上升到了国家战略层次。现阶段，我国应构建由高校、服务组织、营销企业、科研机构等共同结合的协同创新体系，将产业价值链朝着两侧延伸，不断聚集动力。

同时，我国还需建立专项基金实现大数据、互联网等新兴产业培育，在现有工业制造企业的基础上吸引民间资本加入，不断扩大智能制造规模，从而引领智能制造模式实现新的跨越。目前，我国已经将一些地区作为创新改革试点，为推动工业制造产业实现技术创新、智能化改造提供了有力支持。

(五) 关注工业人才资源利用

工业制造企业实现智能制造发展的主要动力源自人才。因此，要想实现智能制造发展，企业就必须重视人才资源的合理利用。在这方面，我国可以借鉴的国外成功案例很多。例如，美国将人才素质看得非常重要，将人才素质列入了相关政策范畴，并通过培训提高人才职业素养，目的就是满足自身的技术发展所需。我国在引入人才资源的基础上也需开展培训教育。

在"工业4.0"背景下，传统工业制造理念、技术得到全新转变。对于现有人才，企业也需展开培训，传输先进的工作理念、方法，使其能够快速更新工作模式，顺应新时代发展要求。

此外，我国还应吸引国际人才。因为国外一些发达国家在智能制造方面的研究比我国更早，他们已经具备了一套完善的人才培养计划。我国可以完善现有的薪酬待遇体系吸引国际人才加入，为中国智能制造的发展带来足够动力。

(六) 强化工业制造关键技术攻关

我国工业制造领域要想打造自主品牌，就必须攻克技术难题，对于当前依赖进口的现象要加以改善。由于国内智能制造产业兴起时间较晚，在发展时会受技术条件制约，这使得智能制造产业依旧在走老路。针对这种情况，我国应加快关键技术攻关项目的建立，对技术研究成果要加以保护。例如，我国可以在国内培养具有质量与数量双重保障的骨干企业，在企业内再培养一批专业技术、职业素质过硬的员工队伍，这样国内智能制造水平就可以得到大幅度提升。在此情况下，国内智能制造企业就不用再过度依赖国外进口，而是通过自身实力就可以完成智能产品的研发、生产和销售。当达到这种高度时，国内工业制造整体水平就会得到质的飞跃。

(七) 加强工业污水的处理

1. 完善工业污水的处理方法

（1）光氧化法处理工业污水

光氧化法从光的催化、光的敏化和光化学三方面发挥净化作用。光氧化法可以获得最佳的污水处理综合效益，能够实现较好的水体净化效果。光氧化法的原理是通过紫外线的强烈辐照影响，产生大量的氧化自由基，最终将工业污水中的毒害性有机物消除。光氧化法涉及的催化剂主要包括氧气、过氧化氢和臭氧等。

当前诸多工业企业在大力推广工业污水的光氧化法处理措施，其中激光氧化和催化氧化是较为常用的两种处理形式。光氧化法的普适性较强，可以应用于多种类型的水体环境，使得污水处理的局限性大大下降。

（2）脉冲电晕法处理工业污水

当前以俄罗斯为主的诸多国家开始应用脉冲电晕法对污水进行处理，并取得了较好的污水处理效果。脉冲电晕法要求在工业污水表面的特定位置设置电极束，确保电极电压不得低于1万伏，通过此方式可以快速产生大量的臭氧物质和自由基，并能够快速地渗透到污水层的下方，在确保电源持续接通的状态下，污水池底部的电极区域内会形成冠状电晕，从而彻底清除其中的毒害有机物。

（3）离子交换树脂法处理工业污水

当前，离子交换树脂法是污水处理过程中的典型技术之一。在具体处理过程中，离子交换树脂法主要用于清除工业污水中的重金属，应用离子交换法分离出污水中的重金属后，还应对高分子物质进行有效处理。

究其原因，酸性与碱性溶液都无法将离子交换树脂溶解，所以通过特定的交换基团，能够将污水中的重金属置换出来。由于该方法能够对重金属含量较少的工业污水进行深度处理，所处理后的污水可以作为绿化及洗澡用水，甚至能够达到工业生产线回用的级别，对水资源的回用率较高，因而该方法在工业企业内得到大力推广。

（4）超声波法处理工业污水

超声波法处理工业污水的基本原理是借助超声絮凝效应、空化效应、机械剪切效应与自由基效应，有效清除各类污染物成分。超声波法的综合技术效益较高，具有优秀的污水处理成效性。针对部分工业企业的污水中存在较强危险性污染物的情况，超声波法能够取得较好的处理效果。

（5）反渗透法处理工业污水

当前，我国工业污水处理中所应用的反渗透法主要有四类。第一，蒸发浓缩法。以电镀水为例，它被取样后应先进行蒸发浓缩，再将处理后的电镀水注入电镀槽中，最终获得纯净的电镀水。第二，化学分离法。该方法较适用于处理水中溶解大量化学元素的工业污水，以反渗透的方式将杂质从水中分离。第三，浓缩提纯法。该方法主要被应用于医药制造行业或化工行业所形成的工业废水的处理，需要将工业废水中的污染物先进行浓缩，随后再进行提纯。第四，深度处理和循环利用法。该方法借助反渗透设备将污染物从工业污水中分离，随后将处理后的工业污水应用到工业生产过程中，让污水的利用效率最大限度得到提升。

2. 应用集中式和分散式污水回用技术实现工业污水回用

集中式污水回用技术主要用于具有较强污染性的工业污水的深度处理，

随后在用户管网范围内,输送已经被处理后的清洁水体。应用集中式污水回用技术,不仅可以从宏观角度强化污水的处理工作,还可以最大化地实现工业污水的经济效益。因此当前越来越多的工业企业开始积极引进集中式污水回用技术,该技术充分体现出优秀的污水处理综合效益。

相对于集中式污水回用技术,分散式污水回用技术在配置专门性污水处理系统方面更具优势,此技术能够从整体上降低污水处理的相关费用。工业企业通过应用分散式污水回用技术,可以获得更好的污水处理效果。但部分化工废水存在较强的毒害性,对此无法通过分散式污水回用技术进行处理,而需要应用集中式污水回用技术,确保更为容易地控制化工污水的处理进度。

3. 实现对工业污水的二级或深度处理

工业企业在对诸如重金属污水和其他具有较高毒性的污水进行处理前,都需要先进行预处理。工业企业要想获得彻底性的污水处理效果,就必须能够准确判断当前污水的组成部分,基于此并结合上述各类污水处理措施,确定最佳的工业污水处理组合工艺。工业企业首先需要对工业污水中高毒性、高浓度的污染物进行降解,然后通过引进二级或深度处理系统,有效处理综合性工业污水,以获得最佳的污水处理整体效果。

同时,二级或深度处理系统还可以从根本上消除污水对周边环境的毒害,有效解决经过处理后的工业污水无法满足回用水水质指标的情况。工业污水的二级或深度处理系统,其污水处理工艺涵盖多种处理方法,分为微絮凝环节、混凝处理环节、生化处理环节及过滤环节等,通过对多种处理方式的组合应用,可以切实保障污染物降低到能够被深度处理系统接受的层次,并在此基础上采取深度过滤、膜分离、离子交换、电渗析及消毒等步骤,最终满足回用水相关要求,使得工业污水能够重新应用到工业生产过程中。

第三节 县域旅游业可持续发展规划

一、县域旅游业发展现状分析

在人们经济收入与消费水平持续提高的社会背景下,旅游业已经逐渐成为我国国民经济的战略性支柱产业,除了有效拉动经济增长之外,还提供了很多就业岗位,满足了大众多元化的娱乐需求。

(一) 广阔的发展前景

随着交通业的快速发展,我国国内旅游市场发展状态良好,同时出境旅游市场也迎来了发展机遇。首先,我国地域辽阔,受到地理位置、风土人情等因素的影响,不管是高度发展的城市,还是普通的山村,都在大力发展旅游业。其次,在出境旅游方面,人们的生活水平已经有了很大提升,因此人们开始寻求精神生活的满足感,要开拓自己的知识视野范围,因而会选择出境旅游的方式,去更远的地方看看。数据调查结果显示,我国是世界出境旅游大国,出境旅游的人数还在持续增长,因而出境旅游市场的发展前景也很乐观。最后,入境旅游市场发展状态良好。由于我国在国际上占据重要地位,并且我国在优秀文化输出方面也取得了不错的成绩,因此,随着我国在世界上的知名度不断提高,还会有更多国外游客选择来中国旅行。

调查数据显示,2019年,我国的入境旅游人数达1.45亿人次,并带来了1313亿美元的旅游收入,未来我国在世界范围内的知名度还会持续扩大,届时将会有更多外国游客被中国文化所吸引,入境旅游市场的发展也会迎来更大机遇。

(二) 不断扩大的旅游市场规模

随着大众的旅游需求不断增加,旅游市场发展规模也在持续扩大。传统的旅游发展模式具有一定的局限性,人们除了观赏风景之外,并没有其他的娱乐体验活动可供选择。而现在的旅游活动比较丰富多彩,除了满足游客观赏美景这一基本需求之外,还推出了一系列旅游产品,常见的有亲子游、生态游、蜜月游等,与此同时,还推出了配套的吃住行服务,能够让游客全方位体验到旅游的快乐。另外,与旅游相关的行业也在快速发展,比如保险、通信、医疗、环保等行业。

(三) 旅游业结构变迁带来的机遇

1. 拉动以旅游业为经济主体地区的发展

中国很多地区的支柱产业是旅游业,由于之前国内旅游业的各种不完善,一些旅游地总是不能进入一个良好的发展阶段,自始至终处于初级发展阶段,所以很多地区的发展持续处于一个低迷的阶段。旅游业结构的转型和升级使得当地的经济有了突飞猛进的发展。

例如,海南省属于国内相对落后的地区,主要的产业就是旅游业,之前海南省很多旅游地区都尚未开发,仅是通过一些热门地区来满足旅游业的需求,但是随着近几年海南省旅游业的迅猛发展,海南省的各种自然景区都成为度假胜地,这对海南省的经济产生了不小的影响。

再如,青海省属于一个季度性的旅游地区,每年7—8月是青海省旅游的高峰期,因此在7—8月青海省旅游业占全省GDP的比重也是最大的,2020年旅游业占全省GDP的5%,2019年旅游业占全省GDP的10%,这种季度性旅游也带动了整个青海省经济的发展。

2. 促进各地旅游业的发展

由于全国旅游热的兴起,之前一些没有旅游业的地区也慢慢开始开发旅游业,甚至一些没有历史古迹或者自然风景的地区,也可以用其他形式来开创旅游业,类似于度假村、休闲胜地等,旅游业的转型和升级也同时促进了一些非旅游地区的持续发展,因而不得不说旅游业是带动经济发展的新引擎,做好旅游业的发展就显得尤为重要。

例如,长鹿休闲度假农庄,位于广东省佛山市顺德区,这里并没有自然风光,也没有历史古迹,但是仍然可以发展大型的旅游业,这充分说明不具有得天独厚的历史和自然风光的地区也可以发展度假村旅游业、乡村旅游业等,再次突破了传统旅游业依赖景区发展的模式。

3. 促进旅游相关产业的发展

旅游业的发展促进了相关产业的发展,如房地产业、商业、交通运输业等,因此旅游业的发展是一个链条式的发展,能够促进很多相关产业不断完善。如何将产业链的发展模式做好,影响着当地经济的发展,因此旅游产业链的发展是尤为重要的。

海南三亚是一个典型的代表,它依靠强有力的旅游业带动了各种经济产业的发展,如房地产业、交通运输业、商业等。除此以外,三亚还具有很系统的陆地交通体系,三亚机场也开通了非常多的国内直飞路线。依托旅游业,海南三亚迅速成为一个经济发展迅速的地区。

云南大理处于内陆地区,而旅游业的发展,再加上名宿酒店的不断壮大,使得大理的经济迅速飙升,大理依托旅游为商业的企业数不胜数,真正成为旅游拉动当地经济的典型范例。

二、县域旅游业发展存在的问题

(一)资源分散

无论何种旅游模式,一旦资源分散都会存在很大的问题,县域乡村旅游也是如此，资源分散会使旅游资源难以整合，无法充分发挥旅游业的综合带动效应，也无法形成品牌合力，从而阻碍了县域乡村旅游的进一步发展。

很多乡村地区的旅游资源并不集中，大多较为分散，未能形成一定规模的旅游效应。旅游资源分散是乡村旅游发展中需要重点关注的问题，资源分散首先会使游客的体验感不高，不能激发游客的旅游兴趣和热情，还会极大地限制乡村旅游的进一步发展，导致乡村旅游竞争力低下，从而不利于乡村旅游的发展。

（二）旅游营销重视不足

近年来，县域旅游景点如雨后春笋般遍地开花。在此背景下要想脱颖而出，只注重加强乡土文化发掘、做出特色是不够的。当前，县域旅游业只有重视旅游营销，让自家的旅游产品、旅游特色为更多人知晓和向往才能在当前旅游市场上占据一席之地。但目前县域旅游业的营销方式老旧，受众范围小，难以在全国甚至全世界形成影响力。

（三）旅游增收途径单一

一场突如其来的新冠肺炎疫情使县域旅游业遭受重创。由此可见，外部打击对县域旅游业的影响之强。当前，县域旅游业的脆弱性，不仅表现在对社会环境的依赖，更表现在当地政府及旅游从业人员一味靠线下售卖旅游纪念品、提供线下旅游服务创收，创收途径单一，使得县域旅游从业人员的收入稳定性急剧下降，不利于脱贫攻坚成果的巩固和拓展，更不利于乡村振兴战略的接续展开。

（四）旅游设施缺乏系统规划

发展县域旅游业是国际上公认的消除贫困的有效途径之一，但我国县域现存的旅游形式零散粗放，缺乏系统规划，已经不适合如今的旅游市场。我国县域旅游业经过近几年的发展，已经颇具规模，在基础设施、旅游产品等方面都有了一定的积累。但随着国民素质的不断提高，人们对美好生活的追求逐渐呈现出个性化、多样化、精细化的特点，这些特征在县域旅游方面体现为游客需求的个性化和差别化，这要求县域旅游从业人员要创造出更具参与感、体验感的产品来满足各类游客的需求。但对原有县域旅游产品和设施的改造需要巨大的决心和毅力，需要当地政府全盘考虑、综合施策，需要系统地整合区域内的文化背景、旅游资源、交通住宿等各方面的因素，要做到系统规划、整体开发、融合发展，力求使游客在游览中的每一环节都顺畅，每一时刻都舒心。

（五）旅游产品缺乏文化内涵

一方面，县域旅游景区在规划建设时大多存在同质效仿问题，不仅未能根据当地乡土人情展现特色，而且造成乡村旅游景点大同小异，同质化现象严重，使游客缺乏新鲜感。

另一方面，在旅游纪念品制作方面，人人都知道只有发掘本地特色产品才能给游客带来新奇的体验，才能给游客留下深刻的印象，但乡土文化孕育出的好产品非常少，鲜有人能够沉下心来发掘它们，使它们重放异彩。市面上大多是一些质量差、缺乏当地特色的工业产品。在未来的发展中，只有深度发掘当地的乡土文化并运用到区域乡村旅游规划、景区建设、产品设计乃至乡村建设的方方面面，提升县域旅游的精细化程度，才能给游客带来更深刻的旅游体验。

三、县域旅游业可持续发展策略

（一）科学规划，融合发展

县域旅游业是综合性的服务产业，涉及游客的吃住行游各方面。

一是吃。要吃得健康，吃得美味，吃到当地的传统美食。

二是住。民宿不同于专业酒店，有其地域特色，当地相关部门应制定民宿的居住标准、收费标准，对民宿的安全、卫生进行严格把关，并为民宿制定星级标准，满足各个层次游客的居住需求。

三是行。交通通达度对游客的到来至关重要。俗话说，要想富先修路。景点要配备多种交通到达方式，游客进得来、出得去是其畅快游玩的前提。

四是游。体验农家的逍遥自在，放松心情是游客到县域旅游的主要目的。因此在旅游设施和产品的设计上要精细化、个性化，要注意考虑游客的参与感和新奇感。

以上各方面都需要政府科学规划，综合施策，协调各方关系，做好各个环节的衔接，融合发展。

（二）文旅融合，特色发展

文化是根，旅游是叶，根深才能叶茂，本固才能枝荣。在县域旅游实践当中，相比普通的农家乐、生态农庄，拥有深厚文化底蕴的乡村旅游目的地往往更受青睐，如宏村、郭亮村等。只有充分发掘当地乡土文化、传统技艺，并以此为基础建设独具特色的旅游目的地才是县域旅游业发展的长久之计。

乡土文化的搜集整理不是易事，它需要切切实实地去钻研，需要召集对当地文化有深入研究的饱学之士来完成，使整理过的乡土文化有故事、成体系、显情操。文旅融合有两个关键点：一是围绕当地乡土文化主题，展现特色；二是围绕游客需求，体现娱乐性。

（三）注重品质，品牌发展

旅游业不同于传统制造业，其品质主要体现在通过当地的旅游产品、旅游设施和各种各样的旅游活动使游客得到更多精神体验和身体体验。县域旅游地区应对自身有明确的定位，使本地区的旅游特点鲜明，主题突出，服务周全，引领市场潮流，不断创新。在品质保证的基础上，县域旅游地区还应改变传统的宣传营销方式，扩大客源市场。

随着信息产业高速发展，信息传播的范围越来越广，速度越来越快。一方面，县域旅游地区也应抓住这样的机会，通过微博、公众号、视频直播等现代营销方式提高自身的知名度和美誉度，在旅游产业中打造特点鲜明、品质上乘的乡村旅游品牌。另一方面，县域旅游地区应开发特色产品网上销售途径，不过度依赖线下销售，拓宽当地旅游从业人员的创收途径，提升县域旅游业抵御风险的能力。

（四）着眼长远，绿色发展

金山银山不如绿水青山。近年来，环境保护问题越来越受到人们的重视。面对旅游业对环境的依赖性和脆弱性，县域旅游地区更应该重视对当地生态环境的保护。

首先，在旅游设施建设方面应更多地考虑生态环境保护问题。旅游设施建设不能破坏原有生态环境，要做到和原有生态环境相协调，不突兀，相融合。

其次，县域旅游地区要合理控制来客量。通过透支生态环境来换取经济发展无异于饮鸩止渴，是不能长久的。只有树立可持续发展理念，才能让县域旅游如酿酒一般，越陈越香。

再次，应提高村民的环境保护意识。要加强村民"保护环境人人参与、人人有责"的意识。

最后，在实践探索的基础上，政府要合理制定环境保护奖惩机制，对环境保护实行制度性管理。

第四节　县域服务业可持续发展规划

一、县域服务业发展现状分析

（一）服务市场需求不足

大部分企业认为标准化工作周期长、投入大、见效慢，因此标准化工作不被重视甚至被边缘化。很多工作需要靠政府推动，县域企业主动参与的积极性不高，市场需求不足，一时很难吸引优质的服务机构进入市场，这是阻碍县域服务业发展的主要原因。

（二）服务品牌打造不足

目前，我国的县域服务机构主要有两类：一是各地的标准化院所；二是新成立的中小微企业。标准化院所大多为事业单位，体制机制不灵活，服务创新能力不足，中小微企业缺乏高层次人才，专业能力欠缺，再加上国内外缺少成熟经验，服务机构只能在实践中摸索和优化，有影响力的、完善的服务模式尚未出现，服务品牌打造尚需时间。

（三）研发创新人才产出效应较低

在市场竞争过程中，高技术人力资源是保证企业竞争力的重要力量，也是提高县域企业技术创新能力、转化核心科技成果、改造新技术的核心力量。高技术人才资源区域分布不均衡，且存在缺口，导致技术市场成交额偏低。在县域服务业的发展过程中，存在的主要问题是高端人才产出效应差、高技术人才供求失衡、人才培养机制不完善等。

二、县域服务业可持续发展策略

（一）加强顶层设计

现代县域服务业的转型发展需要加强顶层设计。2014年，国务院结合我国现代县域服务业的发展确立了产业结构调整意见，提出应该推进信息技术服务与农业、先进制造业融合发展，鼓励现代服务业企业向价值链高端发展，从税收、金融、土地、价格等多个领域，为生产性服务业的发展提供匹配的营商条件，对市场及企业的发展潜力进行挖掘。

2015年，我国结合生活性服务业发展情况落地了推进消费结构改革的指导文件，据此，应根据实际情况着重加快与人民群众关系密切、需求量大、服务性强的生活性服务业的发展，加快生活消费方式的转型，建立现代化消费结构，为生活性服务业的发展创造良好的条件。

1. 科学合理布局

应合理确定产业集聚区规划格局，对不同的功能区进行明晰，确定各种功能区在发展中的作用、建设规模和空间控制要求，处理好集聚功能区与辐射城市之间的关系。

应成立现代服务业发展工作领导小组，建立指标体系、工作体系、政策体系、考核体系，根据当前经济状况，有针对性地建设重点项目，例如，在疫情防控大形势下，应完善冷链物流业发展系统，制定中长期重点工作目标，并明确责任单位，严格监管制度。

2. 坚持创新驱动

经济全球化极大地拓展了发展中国家引进高端技术的空间，然而，在广泛利用国外技术资源的同时，国内企业的创新能力却未能同步提高。近年来，虽然我国的产业结构在不断优化，但整体产业的自主创新能力远远落后于发达国家，关键技术不能自给自足，对外技术依赖度较高。

因此，提高自主创新能力，是科技的战略基点和调整现代服务业内部结构的中心环节。尤其是在关键战略领域，或在对国家发展至关重要的环节，必须要强化自主创新意识，制定切实有效的技术创新战略，加大政策的支持。

（二）完善基础设施

人工智能、5G互联网、工业互联网等数字化基础设施的建设拉动了县域经济的增长，实现了稳增长、稳就业的模式。基础设施的建设是经济发展的前提，是进行各种经济活动的保障。完善基础设施建设，是将县域各地区经济连接起来的主要方式，促进了各地区经济的可持续发展，激发了其他产业发展的潜力，对于服务业的优化升级起到了支撑作用。市政、交通、信息化等多个部门基于数字化平台的集成管理，改变了传统的管理模式，节约了时间，提高了办事效率。因此，应当加大县域地区数字化基础设施建设水平，以信息化促进服务业的进一步发展。

（三）鼓励科技创新

当代经济的竞争，究其本质是科学技术的竞争，只有掌握了先进的科学技术才能迅速占领市场，提高经济的发展水平。服务业的发展是促进经济发展的关键，科技创新是服务业发展的动力源泉，所以在推动县域服务业发展的过程中，应该对科学技术给予充分的重视。

科技创新改变了传统服务业的生产方式，各种互联网平台及大量新兴服务业的出现，为社会的发展不断注入新的生机，引领服务业发展，为服务业的优化升级指明了方向。科学技术资金的支持为服务业的创新与发展提供了基础，因此，应当加大县域地区对科学研究的资金投入，积极鼓励科技创新，以此为县域地区服务业的优化升级指明方向。

（四）加大人才培养力度

在数字经济的大环境下，数字技术往往对产业的发展起关键性作用，而数字技术的发展依赖于人才的培养，对人才的培养直接取决于教育，因此增强教育水平对县域服务业的优化升级具有重要的意义。高素质人才短缺，数字化技术不足严重影响了县域服务业的发展。数字化人才作为县域服务业进行优化升级的关键，为县域服务业的发展提供了智力支持。

因此，应当重视对人才的教育和培养，完善教育体系，加强互联网文化的共享水平，提高整体的综合素质，强化数字化人才技能，为县域服务业的优化升级储备大量的人才。

（五）推动产业协调发展

服务业在经济中的作用不断增加，主要是因为服务业的产出水平在提高，其在生产总值中的比重越来越大。从县域整体服务业的发展水平来看，三大产业的增值在全国的对比之下，对服务业发展的促进作用不再明显。这主要是因为县域各地区高新技术的发展程度差异较大，导致产业不协调，并对整体的发展起阻碍作用。因此，应当积极推进县域地区高新技术的发展，为服务业的发展增添活力。

（六）完善政策支持体系

1. 财税政策

应对正在建设的集聚区和规划建设的集聚区进行更有效的财政支持，完善各类县域服务业的资金政策，基于税收、财政等方式帮助企业降低投资成本，多措并举吸收社会资本参与县域服务业重点领域的建设工作。应对县域资金结构进行调整，对生产性服务业要加大支持力度。不同地区要提高社会力量的购买力，建立完善的采购目录，确定服务采购的类型、性质及标准。

政府应根据实际情况，对县域服务企业制定税收减免政策。自全面"营改增"政策落地后，县域服务业在税收政策的推动下，实现了非常好的发展成效。但是突如其来的疫情也让县域服务业的集聚发展按下了暂停键，因此，政府更应该根据当下社会经济发展情况，制定切实有效的税收优惠政策。除此之外，政府还要加大企业在研发设计、技术创新等方面的税收激励。

2. 金融政策

应加快多元化资本市场建设：针对企业主体，支持各类县域服务企业在境内外资本市场挂牌、上市、发行债券，扩大资本市场融资规模，对已经上市的公司鼓励进行二次融资，同时加强政策性融资担保体系建设，实施政银合作新机制，帮助县域服务企业实现"资金自由"；积极发展小微金融服务实体，强化民间资本和社会资本的重要作用，支持小微企业开展多样化质押业务和资产证券化。鼓励生产性服务企业开发与市场相匹配的金融产品，加快产业链、企业群建设，拓展融资渠道。

3. 投资政策

鼓励县域服务企业充分运用现有的良好政策，通过并购重组等多种方式拓宽融资渠道为县域服务业集聚发展注入力量。在国家政策的基础上，政府应立足实际情况，制定持续优化县域服务业的投融资政策。

政府应立足于主动的财税、金融等政策支持之上，让更多的资金流入社会金融机构之中，强化对重点县域服务产业的支持，同时还应对外资进行全面的开发，吸引外资向县域服务产业集聚，不断地吸引国际知名企业进驻当地市场。另外，在通信、信息等领域，政府还应重视对外资的利用，结合国际投资活动的发展规律，探索基金、兼并、证券等多种国外投资路径。

4.人才政策

政府应立足财政支持,鼓励县域院校建立生产性服务业专业,将各种专业引入技工、中职学校之中,在政策上对相关人才的培养提供支持;鼓励学校与科研机构及生产性服务企业一道构建人才培育基地,建立规范化的职业训练基地,每年选择生产性服务企业中的骨干人员、高管人员、高技术人员对定向培育学生进行培训;尝试进行专业孵化器建设,对创意好、技术好的主体提供资金支持;重视对优秀人才和专业人才的引入,吸收国内外高端专业人才,通过经费支持、教育及医疗支持增强对人才的吸引力。

(七)稳定服务业产业链供应链体系

服务业产业链供应链的稳定发展对生产、消费、物流等的要求很高,不仅需要产业供给端发力,同时需要政策上的支持。

1.要确保服务业产业链供应链的稳定

在做好疫情防控的前提下,县域服务业应尽快恢复产业链供应链,对不裁员或少裁员的参保企业,可按照一定比例返还失业保险费,并结合当地情况调整失业保险金标准。

2.政府应强化财税金融应对

对于受疫情影响较大的服务业,政府应适当减免增值税;对于亏损严重的服务业,政府应给予财政贴息。此外,政府还应加大对中小服务业的扶持力度,给予金融授信,防止资金链断裂,优化业务范围和流程审批,为中小服务企业提供优质、高效的金融服务。

第四章　县域经济可持续发展的金融支持

在县域经济可持续发展中，金融支持是必不可少的重要融资渠道。本章分为县域经济可持续发展中金融支持的现状，增强县域经济金融支持的对策两个部分，主要包括国内外对县域经济发展中金融支持的研究现状、研究背景，电子银行业务对县域经济发展的影响因素，县域金融对农户的支持现状，县域金融风险防控现状，创新县域金融政策的对策等内容。

第一节　县域经济可持续发展中金融支持的现状

一、国内外对县域经济发展中金融支持的研究现状

国外关于县城经济的研究被归纳于区域经济的范围。美国学者罗伯特·金（Robert King）和罗斯·莱威（Ross Levine）实证结果表明金融结构与经济发展存在正向相关关系；美国金融经济学家罗德里格斯（Rodriguez）研究得出金融信贷中介作为区域金融市场融资媒介，对区域经济具有正向促进效应。

国内学者普遍认为我国县域金融体系内排斥现象依然十分突出，区域金融包容度仍在偏低范围。学者秦宛顺和钟行宁经过实证表明县域金融规模对于本地经济促进具有显著负作用；学者徐虹和董晓林认为经济、文化发展程度偏低的县域受到金融排斥的可能性更大；学者王修华和陈茜茜认为县域当地的融资能力、文化水平、信息化水平的提升能正向提高农村金融包容度；学者高晓燕和李媛媛的实证研究表明县域经济与金融的发展具有协同共性关系，可通过营造良好信用氛围、改进县域市场体系等方法促进县域金融经济协调发展；学者朱泽琴通过对安徽省普惠金融发展水平的实证研究分析表明县域普惠金融发展水平的提升能促进当地经济向上增长。学者明雷和杨萍发现县域金融竞争力

的提升对于区域经济有着正向促进作用。目前，国内县域普遍存在运行模式单一、行业发展不协调不均衡等问题，影响当地金融竞争水平。

（一）经济增长驱动力的相关研究

许多国内学者对经济增长的驱动力进行了研究分析，大部分认为中国经济增长的驱动机制发生了转变。学者刘瑞翔、安同良等基于最终需求的角度分析了中国经济增长的驱动因素，得出最终需求对经济驱动作用减弱的结论。学者黄泰岩借鉴我国之前关于经济发展动力转换的现实经验，分析认为我国经济需要进行第三次动力转型。学者刘俊杰认为县域经济需要探索和培育新的增长动力。关于经济增长驱动力的分析研究，具体可从以下两个角度来阐述。

1. 资本、技术角度

许多国内学者针对经济发展的趋势特征和动力机制进行了大量的研究。学者唐未兵、傅元海和王展祥研究认为技术创新水平和经济增长集约化呈现负向关系。学者严成樑认为过去粗放型的经济增长方式很难继续保持，需找寻新的经济增长驱动力。学者李强、胡仪元认为要使县域经济持续发展，需要进一步增强县域经济的技术创新力。

2. 制度角度

北京大学林毅夫教授根据新结构经济学，分析认为在经济新常态下，应让市场与政府相辅相成，优化产业结构，促使经济持续稳定发展。学者刘东皇建立了"消费成长＋科技创新＋现代服务"的经济发展动力机制，以期为新时期下的经济发展提供制度保障。学者冯兴华、钟业喜、陈琳、傅钰通过研究长江经济带的县域经济，认为长江经济带县域经济格局转变的驱动因素主要包括地理区位与交通条件、国家政策导向等。

（二）金融对县域经济发展影响的相关研究

从经济管理的角度来看，县域经济是以行政区划为边界的；但从经济运行的角度看，它又超出县域范围，与整个国民经济都有着紧密的联系。搞活县域经济对于促进国民经济持续、稳定、协调发展具有十分重大的意义。金融在经济增长动力转换过程中发挥着重要作用。在经济发展新阶段，金融发展将有利于经济发展驱动因素转向技术创新，推动经济转型升级。

就国外研究而言，美籍奥地利政治经济学家熊彼特（Schumpeter）第一次提出了创新理论，他认为生产技术创新对经济发展具有重大影响，并且金融对经济增长存在正向影响。英国金融资本家戈德史密斯（Goldsmith）提出了金融发展的量化指标，分析表明金融对经济发展存在正向影响。之后弗莱（Fry）等学者得出了金融有利于促进经济增长的结论。有的学者则以伊朗为研究对象，得出了金融对经济发展有积极影响。而有的学者则持有与前述学者相反的观点，认为金融对经济增长的促进作用不明显。还有一些学者通过构建金融发展指数，将面板数据用于格兰杰（Granger）因果检验，实证表明金融对经济增长的主导作用是有限的。

就国内研究而言，学者石全虎认为金融具有聚集资本、调整产业结构等优点，支撑着县域经济的发展。中国工商银行江苏省分行课题组从金融角度分析了江苏省经济转型升级的特点、经济发展趋势及金融支持的制约因素。钱水土等学者的研究结果发现，金融发展对技术改进和产业结构优化均产生了促进效果。学者孙兆刚阐述了创新驱动战略的含义，他认为创新驱动战略需要金融支持，金融需要不断创新以配合创新驱动战略的实施。学者李丛文结合微观和宏观视角研究表明，单独的金融创新对经济增长产生抑制作用，而协同技术创新对经济产生显著的促进作用，但弱于单独技术创新的影响。学者周祥军、辛晏以辽宁省为例，分析发现在创新驱动战略背景下区域创新和金融产业规模对区域经济具有显著的正向影响，而对金融相关性却有着抑制影响，并提出创新驱动促进区域经济协调发展的观点。学者马微、惠宁认为在经济转型升级、新旧动能转换时期，若金融在资源配置中的作用越强，则越能为科技创新吸取资金，进而推动产业结构升级。

（三）金融影响经济增长路径的相关研究

就国外研究而言，学者罗斯·莱威研究表明金融通过缓解企业或产业的融资约束对经济增长造成影响。学者阿格赫恩（Aghion）和豪威特（Howitt）在探究金融约束下技术与经济发展的联系后认为，金融体系更完善的国家具有更高的经济增长率。学者艾莫（Amore）等人以专利产出衡量科技创新，研究发现，银行信贷规模增加会刺激企业创新，提高创新产出水平。就国内研究而言，学者吕博、刘社芳认为县域金融支持无法满足中西部县域经济发展要求，使县域经济结构的调整受阻。学者陈先运考虑到县域经济的实际情况，对民营企业的融资状况进行了分析，提出要从政策、制度等角度进一步去调整金融政策。学者付剑峰、邓天佐认为金融服务机构可以对技术的价值和潜力进行风险识别，实现二者之间的有效结合。学者李苗苗、肖洪钧、赵爽认为，在经济水平较低的国家，金融发展可以通过促进研发投入进而对经济增长产生正向影响。学者唐松、伍旭川、祝佳通过研究认为，数字金融对技术创新具有"结构性"的驱动作用。

二、国内外对县域经济发展中金融支持的研究背景

国外学者研究的可行能力理论侧重于公平正义的价值取向，主要注重一个人的能力与功能，是其通向实质自由的发展路径。因为诸如弱势群体、农村贫困人群本就处于一个不够公平的位置，在此基础上将可行能力应用到社会的公平正义领域，能够有效识别缺乏公平群体可行能力的缺失性进而有针对性地为其提供相应的对策与办法。

国内学者对县域金融与农户可行能力的研究侧重于县域金融与农户可持续发展之间的关系。学者周天芸、蒋天颖、王修华用金融机构的数量来衡量一个县域的金融密度、金融机构创新、金融渗透等情况，可见县域金融机构的数量，很大程度上代表了该地区的金融发展程度。而学者何茜、张帅则用贷款数据衡量县域金融的发展程度、发展规模及发展结构。但是，我国学者都是从宏观的角度来研究县域金融的，得出的结论只能在具体操作过程中给我们一个方向的指引，没有对农户个体各项指标影响程度的测量，所以在农户的可行能力指标方面有待进一步的探索。现阶段我国已经全面脱贫，开始向全面建成社会主义现代化强国的目标出发，所以首要的任务是帮助低收入人群、刚刚脱贫的人群等实现可持续发展，这符合本节研究县域金融对农户可行能力作用路径的初心，从而达到使农户可持续发展、稳定向第二个百年奋斗目标迈进的目的。

（一）县域金融背景

20世纪80年代，中国农业银行作为专业银行统一管理支农基金，集中办理农村信贷，领导农村信用合作社。这是我国中央政府首次有力地促进我国县域经济发展的举措。1994年，我国成立中国农业发展银行，其主要职责是承担农业政策性金融业务，代理财政性支农资金的拨付。自此，县域金融逐渐发展为一个完整的体系，县域金融业务也逐步展开。我国目前共有2800多个县级行政区划单位，绝大多数县级区域的经济功能都较为简单。这些县域的经济发展模式都不太一样，都是县级区域自己内部发展，较少参与外界市场，其主要作用是提高县级区域本身的就业率、服务于农户家庭的再生产等。现在我国大部分城市都在推行新区经济，县域金融在我国经济发展中扮演的角色也越来越重要，县域经济开始成为我国经济发展的主要小型经济体。

（二）可行能力背景

20世纪80年代，诺贝尔经济学奖得主阿马蒂亚·森（Amartya Sen）在《以自由看待发展》中提出了一种全新的能力理论——可行能力理论。阿马蒂亚·森最初将其应用于讨论人类社会福利经济学、发展经济学等问题，随后通过能力方法分析个人的收入与"资源"不过是过上自由生活的"手段"。英国经济学家萨比娜·阿尔凯尔（Sabina Alkire）从发展伦理学的角度将能力方法进行深化。学者莫扎法（Mozaffar）和曼宁（Manion）从性别的角度通过能力方法探讨女性的公平正义。在阿马蒂亚·森提出可行能力理论之后，经济学家纳斯鲍姆从另一个角度提出具有影响力的可行能力理论，她从社会正义理论的角度出发，以实现对每一个人类个体的尊重为目标，将可行能力理论作为社会正义理论从理论层面落实到具体的政策安排层面。学者格拉索（Grasso）通过能力方法将自由、制度与人类可持续发展联系在一起。可行能力理论的提出对学界产生了非常大的影响，并引起了众多学者的关注，而且越来越多的学者以可行能力的视角来分析社会经济问题。

（三）金融与可行能力的关系背景

阿马蒂亚·森早期将可行能力理论应用于社会福利、经济发展等一些社会问题上，从广义上来说，可行能力理论自提出以来便与经济、金融息息相关。在阿马蒂亚·森看来，发展应该是一个自由拓展的过程。国内学者徐烽烽等人讨论了土地承包经营权置换城镇社会保障前后农户福利的变化情况，而学者杜兴端等人在可行能力的视角下探讨了农村金融发展与农民福利之间的关系。大部分学者的研究都侧重于对可行能力涉及的发展经济学理论进行扩充以及本土化，而对可行能力与金融理论之间关系的研究较少，因而还有很大的深化和拓展空间。可行能力研究的主体为弱势群体，将可行能力理论应用至我国则以农户作为研究主体较为合适。究其结果，金融与可行能力之间的联系取决于经济基础，而农户所生活的环境如县域、农村大大地限制了金融的发展，多年的农村金融抑制阻断了金融与可行能力之间的诸多联系。

近年来，国家大力发展"三农"，提出了乡村振兴的伟大战略，国家针对农业、农民、农村的补贴政策越来越多，农村的发展机会也逐渐增加，农村金融也开始有了用武之地。如何发展农村金融，实现农村金融对接农户、精准支农成为现阶段的首要前提。

综合来看，国内外学者对可行能力理论及县域金融的研究相对丰富，每一个研究成果几乎都可以单独形成一套较为完整的理论体系。可以说，前人的研究成果提供了理论基础并指明了方向。然而，从目前的研究来看，依然存在一些局限性，如对两者之间关系的研究少之又少，或者说研究过类似内容的文献描述还不够明确具体。

三、电子银行业务对县域经济发展的影响因素

（一）政治环境因素

近年来，国家出台各项政策不断鼓励金融机构利用新兴技术推行"互联网+金融"便民服务模式，同时大力推进数字乡村建设，积极推动现代科技与乡村治理相融合，不断提升乡村信息化水平，通过拓展金融服务的广度和深度，不断加强"三农"服务的数字化转型，达到改善城乡居民金融服务环境的目的。综上，电子银行业务发展符合当前政策趋势。

（二）经济环境因素

从宏观上来说，国内当前的经济发展趋势是向好的，宏观经济发展速度稳健增长。在整体经济环境的影响下，县域经济发展有良好的势头，地区经济的良好增长为居民的日常消费提供了资金上的保障，良好的经济环境有利于电子银行业务的进一步发展和延伸。特别是在政府积极推行统筹城乡发展政策的基础上，县域经济综合实力和"三农"市场经济有了进一步的提升，老百姓的生活方式发生了转变，生活质量明显提高，县域良好的经济基础为电子银行业务的发展打下了坚实的基础。

（三）社会环境因素

近年来，我国数字乡村建设不断加快。据不完全统计，截至2020年6月，我国农村4G网络覆盖率超过98%，农村网民数量为2.85亿。数据显示，2020年，我国农村地区揽收和投递包裹量超过300亿件，全国农产品网络零售额达5750亿元，网银交易笔数为1550.3亿笔，线上主要交易平台——手机银行累计交易笔数为1919.46亿笔。农村"宅经济"消费潜力加快释放；农产品生鲜电商爆发式增长；数字政务、数字医疗、数字教育等在县域地区广泛应用。农村经济信息化、数字化快速发展，为金融机构大规模、高效率地拓展和积累县域"三农"大数据、开展数字化金融创新提供了难得的战略机遇。

信息技术革命深刻改变着个人生活和企业生产经营方式，在科技和数据

的驱动下,消费端、生产端、政务端客户正向线上化和数字化转移,金融机构也必须加快数字化转型的步伐,以满足客户对金融服务的多样化需求。对于消费端的个人客户来讲,他们的经济行为正逐步互联网化,尤其是移动支付的普及,使得他们进银行办业务的机会越来越小,他们的互联网金融式消费习惯对银行的服务提出了更高的要求。对于生产端的企业客户来讲,银行不能仅提供传统的线下结算和服务,还需要提供更多元化的定制服务。对于政务端的政府客户来讲,他们需要不断进行数字化转型,一大批智慧城市、智慧医院、智慧学校应运而生,电子身份证、电子签章等逐渐普及,他们也迫切地需要银行由线下的资金结算向线上转移,推进政企合作,提高办事效率。

(四)技术环境因素

以5G、人工智能、大数据等为核心的第四次工业革命将人类带入了智能时代,智能制造成为制造业的主导方式,目标是建立一个高度灵活的个性化和数字化的产品与服务的生产模式。互联网的上半场以门户网站崛起为代表,将线下的信息线上化,提供综合性的互联网信息资源。进入中场后,移动互联网快速发展,平台化、去中心化的企业崛起,逐步打破了地理限制。随着5G技术的发展和计算能力的增强,互联网进入万物互联的下半场,精准成为商业的核心要求。另外,5G基建、特高压、大数据中心、人工智能等新型基础建设的逐步完善,可以为未来的经济发展和科技竞争铺路。技术环境的逐渐成熟为银行推广线上营销、加快数字化转型、提升"线上+线下"综合服务能力打下了良好的基础。

四、县域金融对农户的支持现状

(一)人力资源方面

农户人力资源与金融机构审批流程的简化及金融科技服务都呈现正相关的关系,金融机构的审批流程越简单、方便越能改善农户的人力资源环境。审批流程的简化可降低农户的操作难度,使更多的农户能够接受简单的金融业务,从而提升农户办理金融贷款业务的意愿。同时,流程的简化使农户能够及时获得贷款以应对突发性的伤病,有能力负担教育成本,提升农户整体的健康和教育水平,从而提升其人力资源质量。

金融科技平台的操作更加便捷,金融科技产品更加多样、安全会使农户的人力资源质量提高,但相对于简化审批流程的影响较弱。金融科技平台操作的便捷性促使农户广泛运用平台,充分了解其作用,能够有自己运用金融科技平台的想法,同时各种各样的金融科技产品能够匹配拥有各项金融需求特别是需要医疗救助、教育资助的农户,为农户可行能力中人力资源数量和质量的稳定提供保障。随着农户人力资源各方面水平的提升,其可实现的功能性活动也越多,健康状况较差的农户通过县域金融的支持,可重新实现正常劳动等功能性活动,而知识水平的提高既可使农户易于理解更多的知识,加深对金融的认知程度,又可提高农户的金融素养,更加高效地提升农户自身的各项资源水平,从而形成良性循环,加速农户的高质量发展。

(二)社会资源方面

金融机构审批流程的简化、金融产品的宣传、金融科技的发展三项可行能力指标都对农户的社会资源呈正向的显著性关系,且影响程度相差不大。金融机构审批流程的简化,可以提高农户金融业务的办理数量,为农户提供便捷的融资方式,促使农户有能力自主创业,发展农村特色产业。针对自身条件符合但没有贷款意愿的农户,要加强对金融产品的宣传,提高农户对金融的参与度,为农户提供自由交流的平台与机会。

金融科技的发展,能为农户提供多样化且安全性高的金融产品。为农户提供的金融科技产品越多,农户可选择的产品就越多,由此可供农户使用的社会资源也就越多。农户获取社会资源能力的提升,意味着农户人脉资源的扩充及就业机会的增加,但并不会直接提升农户的生活质量,而是能够确保农户在原有的生活基础上获得隐性的保障,使未来的生活和工作获得更多可能性。

(三)自然资源方面

金融机构审批流程的简化将正向影响农户的自然资源,影响程度较高。金融机构审批流程的简化可以使农户在有需求的时候及时得到资金支持,有助于农户快速获取农业贷款,特别是季节性的农产品需要极高的时效性,农户能够随着季节的更替及时调整土地耕种规模,减少因为审批时效慢而造成的损失。同时审批流程的简化可以省去不必要的资源损耗,极大地减少人力物力,在高效简便的操作下,更有助于农户更新农业种植的技术,扩大农作物种植的规模,从而提高农产品产出,增加农户的自然资源。

农户获取自然资源能力的提升,意味着农户的可利用土地面积及其他资源的增加,由此农户便可以增加耕种土地的面积,选取多种农作物进行种植,缓解家庭经济的紧张,并可以收获多样的农作物,从而提升生活质量。

而随着水资源、树木资源等自然资源的增多，农户拥有水源及树木丰富的生活环境，生活用水、农作物的灌溉等问题得以解决。由此，农户的生活环境质量得到提升，农户便可将生活的重心转移到其他方面，能够多方面发展自身的兴趣爱好，或者学习更多的技能及知识。

（四）物质资源方面

物质资源与无抵押小额贷款、金融科技服务呈正相关关系。无抵押小额贷款所占的权重较高，对农户影响程度较大。无抵押小额贷款，一方面减轻了农户对抵押物或质押品资质审核的压力，另一方面有助于缓解农户的心理负担，可将获取的贷款用于减轻生产性经营的资金压力。最重要的是，原有的抵押贷款需要将农户的动产或不动产抵押给金融机构以获得授信，而无抵押小额贷款，则不需要农户将其资产作为抵押，农户对其资产有更大的自主权，如房屋的扩建、出行工具的更新等，从而可实现更多功能性活动。

农户通过无抵押小额贷款获取的资金可用于农作物、化肥及生产工具的购买，即农户在靠自身能力信用的情况下便可获取生产资料，这大大减轻了农户的生产压力，提升了农户的生产自由度。农户能够购买比平时更多的生产资料，从而逐步扩大其农作物的生产。

金融科技平台的便捷性、产品的多样性及安全性，有助于农户广泛接触金融科技产品，丰富农户对新型金融产品的认识。农户通过金融科技平台能够合理调整资源配置，拓宽融资渠道，提升获取基础资料和生产资料的能力。

通过县域金融的支持，农户获取物质资源的能力得到提升，在这种情况下，农户可获得更多日常生活的基础资料，这直接提升了农户的生活质量，同时也大大提升了农户日常劳作的效率，使农户在有限的时间内可以做更多的工作。

（五）金融资源方面

无抵押小额贷款、金融科技服务都将负向影响农户的金融资源，农户的金融资源中自有资产较少甚至没有，且需要通过无抵押小额贷款或者金融科技服务来获得资金的农户更表明其金融资源的缺乏。农户使用无抵押小额贷款之后，原本属于农户的金融资源就会被使用，同时农户的负债也会增加，所以无抵押小额贷款对农户金融资源呈负向显著性关系。

金融科技服务水平的提升，会促进农户的消费，同时农户对金融科技服务的需求越高，越说明农户缺乏金融资源，越需要通过金融机构的帮助使其获得借款。为农户提供金融科技服务获取资金及贷款，其实是在消耗农户未来的金融资源，所以农户越进行无抵押小额贷款或者通过金融科技服务获取资金，其金融资源将越少。

一方面，农户要理解金融的支持方式及自身可获得金融支持的要求；另一方面，农户金融资源的减少也会促使农户去关注自身的金融资源状况。因此，农户将会更加关注金融相关信息，同时也会增加对金融的辨识度，从而达到金融知识普及的目的。

（六）精神资源方面

金融科技服务将正向影响农户的精神资源，而强化金融产品宣传则负向影响农户的精神资源。金融科技服务的发展，能够为农户提供更便捷的金融科技平台，更加多样、安全的金融科技产品，会让农户更加放心地获取资金及贷款。通过便捷的服务平台，农户拥有了可随时获取暂时性资金的渠道，用以应对日常生活中的不时之需。心里有了底可使农户有一个较好的心理状态，有助于缓解农户的心理压力。

金融科技产品更加多样将令农户在应对不同的突发事件时可以选择不同种类的金融科技产品，能够满足农户多样化的需求。金融科技产品的安全性越能够得到保障，农户也就越能放心地使用金融科技产品，不会造成心理负担。

加大对金融产品的宣传力度，在加深农户对金融产品了解的同时，也会对农户造成一定的精神压力。当金融宣传力度越来越大的时候，暂时没有资金需求的农户会对过多的金融产品宣传产生一定的心理排斥，从而产生相反的效果；对于需要资金的农户来说，如果其有能力获取一定的资金，而使用未来的资金需要承担一定的风险，那么他们会担心未来是否能履行约定；对于暂时没有条件却需要贷款的农户来说，他们会因为金融产品宣传力度加大却得不到贷款而产生烦躁情绪。因此，强化金融产品宣传对农户精神资源呈负向显著性关系。农户的精神资源影响着自身的精神状态，较好的精神资源能够促使农户积极健康发展，为其提升生活质量而奋斗提供动力，同时保持较好的精神状态有助于农户始终保持一个理性的思维，在绝大多数情况下都能做出理智且合理的选择，从而对其日常生活产生影响。因此，保持农户的精神资源始终处于一个较好的状态是非常有必要的。

（七）保障性资源方面

只有金融科技服务对农户保障性资源有正向的显著性关系。首先，金融科技平台的发展就较为直接地有助于农户扩充获取金融信息的渠道，农户可以通过使用金融科技平台等了解实时的产品价格。其次，金融机构可以通过金融科技平台评价农户的能力信用等，农户为提升信用额度，会积极提高自己的信用。最后，金融科技产品的多样性可以为农户提供多种防护性保障资源，如目前大部分农户对无法解决的巨额医疗费用可通过众筹的形式予以缓解。

农户获取保障性资源能力的提升，意味着农户人均保障力度的提高及农户拥有较好的信用和较为广泛的信息获取渠道。在此情况下，农户有充足的保障能极大地减少突发状况下的经济压力。良好的信用及信息获取渠道等透明性保证可以确保农户获取更多的资源，完成更多之前完成不了的事情。另外，信用一般与经济挂钩，良好的信用状况可使农户获得更多的金融资源，从而提升自身各方面的能力，达到良性循环的效果。

五、县域金融风险防控现状

（一）县域人民银行执法权限弱化

目前金融稳定工作在顶层设计方面缺乏统一的法律规范，现行的规章制度条款分散、过于原则，缺乏系统完整的规定。同时，根据总行相关精神，自2019年以来，县支行执法权上收，县支行在防范化解金融风险方面的执法权限明显弱化，对于金融机构的金融风险摸排仅以"现场评估""现场核查"等形式开展，没有相应的执法检查授权，导致风险处置权威性不足。

（二）县域各部门信息共享和协调沟通不畅

由于金融风险信息共享机制在顶层设计方面缺乏明确要求，县域人民银行和政府相关部门的信息共享和沟通协调不畅。信息共享人情因素依赖严重，县人民银行与市银保监部门在沟通协调和信息共享上存在跨地域、跨层级障碍，同时在县级层面中有人民银行主导的金融信用信息基础数据库，有发改部门牵头的社会信用体系，有民营数据公司的个人大数据体系，但各个体系之间的壁垒没有畅通，造成有部分不法分子钻法律和政策空子从事违法犯罪活动。

（三）县域地方金融监管权责不一

根据风险防控要求，地方政府承担辖内风险处置的属地责任，但审计调查发现，按照有关规定，地方金融监管权限在省一级，而市、县要承担属地责任。这就造成在摸排处置一些非法集资等涉金融风险案件时，有可能会陷入无权处置、无证可示的窘境。

第二节 增强县域经济金融支持的对策

一、创新县域金融政策的对策

（一）政府积极发挥领导者作用

当前市场经济环境下，政府具有宏观调控、管理监督等职能。政府作为一个地区社会与经济的发展领导者，首先应当注重社会信用体系建设，改善和加强社会信用氛围。政府要引导广大中小微企业加强自身融资信用担保体系构建。具体来看，可以从以下几点入手。

1. 政府应加强管理职能

政府应当积极引导本地社会诚信道德教育建设，加强诚信道德伦理宣传，培养公民守约征信意识，塑造信用美德，筑造良好的信用氛围。道德建设只能是可以采取的软措施。

另外，政府还需要建立规范中小微企业的信用规范法律体系，为中小微企业信用建设形成法律强约束。相关执法部门也要加强巡视惩罚力度，对违法失约企业个人进行严惩，让触碰法律、扰乱市场的主体付出相应代价，驱劣存优，将失信违约黑名单企业驱逐出市场，净化整体市场信用环境。同时，政府部门必须坚持法治方针，法律威严不容侵犯，法律的独立性也不容破坏；杜绝任何基于企业在地方经济中处于龙头地位、企业管理者关系背景等主观因素考虑，影响法律公正审判结果，放纵企业违约失信，践踏市场信用框架的行为。各级政府部门应牢记自身的责任与使命，将维护当地社会稳定、建立信用秩序经济体系作为自己的主要任务，对破坏信用环境、违法失约的行为应进行处罚和制裁。

2. 政府应倡导引领征信信息库建设

对于征信数据的流通处理一直都处于各国政府相关部门的管制中，但是许多金融征信行业被要求信用信息公开透明，某些经过处理后的信息还可以在网上自由扩散，而信用信息的敏感特性使得对征信信息的处理一直存在争议。现今我国还没有颁布任何关于强制公开信用信息的法律，政府作为信息数据的实际掌握者,应当牵头号召各行各业积极主动共享自有信用数据,汇总成立数据总库,由政府带头公开不涉及隐秘信息的可查询信用数据信息,搭建社会公信数据查询平台,发挥管理机构领导职能,促进区域社会征信体系发展规划完善,引导推进征信信息分析产业民营化进程,从而有效简化中小微企业的征信审批流程。

3.政府应发挥对县域金融发展水平的建设作用

政府应当积极招揽外部高端金融行业优秀人才,对外引进外商投资,提高辖内资金运转使用率;同时加强培育本地小微企业现代化管理水平,学习前沿企业管理制度,加深双向县域金融框架层次布局,通过继续增设村镇银行、信用合作社等小型金融机构数量,力保专项小微企业信贷服务网点县域全覆盖。

政府应当鼓励农村网点机构发挥本土小机构优势,紧密结合当地小微企业经营的现实情况,创新小微信贷融资产品,引导规划信用担保产业在县域发展,鼓励支持各类担保公司在辖区开设分支网点,健全完善县域信用担保体系;同时还可以积极引入律师事务所、审计会计评估机构等金融功能中介,协调规划金融中介与金融机构进行鼎力合作,调整县域金融整体布局,多维度共同组建完善的金融体系,丰富区域金融机构类别,为小微企业经营发展打造良好金融生态环境。

(二) 构建现代金融体系

1.加强金融人才建设和管理

金融支持创新驱动战略下的县域经济发展对人才的要求标准会更高,各个县域要把人才建设作为一项重要任务。首先,应坚持政府的领导地位。政府要在政策等方面为人才建设和管理提供正确的方向,做到人尽其才;其次,业务战略与人才战略要融合发展。政府应以引进金融科技人才为基础,制定、落实与金融支持创新驱动县域经济发展相匹配的人才战略,加强人才培训,推进专业化管理,合理确定岗位工资,实行差异化激励政策;最后,人才管理要与文化建设融合。政府需要刚柔并济,构建和谐的文化氛围,促进人才的全面发展。

2.完善支持创新的银行服务体系

银行业在中国金融体系中处于重要位置。为了增强金融服务建设,首先要确保银行业的主导地位,有效增强银行业对创新驱动经济发展的促进效果;其次要重新构建科技创新型企业的信贷机制,根据科技创新型企业的特征,逐步实现科技信用管理理念向技术创新的转变，合理设计科技信贷定价、还款和保险规则；最后要积极与其他金融机构合作开展投贷联动合作业务，推进对外投资合作服务体系建设。

3.完善资本市场建设

资本市场是能够给予创新型企业强劲支撑的金融市场。考虑到实际情况，许多创新型企业存在着投融资难题。因此，要完善资本市场建设，就需要解决创新型企业的投融资难题。首先，要不断完善与各级资本市场特点相适应的差异化制度；其次，要确保交易市场在为创新型企业提供服务方面处于领先地位；再次，要优化资本市场的服务，促进较为成熟的创新型企业持久发展；最后，要完善资本市场制度建设，促使创新型企业成长壮大，引导民间资本进入科技创新产业。

（三）构建金融创新支持策略

金融创新的含义可以从两个角度来解释：一是金融机构通过创新金融产品和服务来追求高收益；二是金融机构通过提升风控水平来满足生产部门的融资需求。前者忽视了与实体经济的融合，放大了创新风险；后者考虑了金融创新对实体经济的贡献程度，金融创新通过在实体经济中进行科技创新来推动经济发展，后者较为符合创新驱动战略的价值取向。创新驱动战略背景下的金融创新是复杂的，如金融创新过程面临的风险高、金融创新主体的价值难以评价，但金融创新的发展潜力和产品成长性也是普通企业无法企及的。金融机构要将投资与融资共同考虑，为企业分担风险。

另外，金融机构也能为创新型企业提供固定资产，通过共享投资运营服务，促使创新驱动发展与金融创新支持相互促进、协同发展。创新驱动与金融创新协同发展的直接驱动力体现在政府政策的推动、金融创新主体的收益追逐及高校院所的社会效益追求。有效的资金供给是金融创新成功的基本保障，企业或个人主要通过股权、债权等方式参与到企业创新过程中，获取投资收益。

（四）推动县域金融机构创新改革

大型金融机构要转变对小微企业的原有固化偏见理念，开展自身省察改革，从金融工具创新、融资审批环节优化及创新融资模式等方面出发，系统全面地降低小微企业信贷门槛，同时鼓励大型金融机构提升针对小微企业信贷支持的力度，积极主动承担起作为大企业的社会责任，为缓解企业融资约束做出自己力所能及的贡献。

中小金融机构应积极发挥自身服务小微企业的小机构优势，继续放大自身优势效益，更加切身地为小微企业提供更为适配自身情况的融资支持。面对大型金融机构占主体地位的金融市场局面，中小金融机构应当避重就轻，主动放弃与大型金融机构在城市的竞争，将工作重心转向县城基层，不断增设基层营业网点数量，提高基层金融服务能力。同时，中小金融机构自身也需要不断进行创新改革，保障自身能始终作为小微企业外源融资的第一选择。

1. 不断更新经营理念

随着县域小微企业不断发展壮大，面对小微企业这一块不断增大的利益蛋糕，大型金融机构需要转变以往的固化偏见观念，在小微企业板块中挖掘新的利润增长点。一方面，大型金融机构凭借其庞大的资金规模和重要的市场主体地位，可以积极响应政府政策方针，主动拿起作为大型金融机构的社会领跑接力棒，鼓励下辖基层网点机构更加有针对性地推出小微信贷产品服务，扩大自身规模数量大的优势，增加小微企业贷款额度，同时还可以通过分析区域内的小微企业密集程度从而有针对性地在密集区域设立小微信贷专门服务网点，提高资源利用率；另一方面，大型金融机构可以转变直接向小微企业提供信贷支持的思维，可以充分利用中小金融机构的小机构优势，将资金借贷给中小金融机构扩大它们的可利用资金规模，间接为小微企业提供信贷支持，提升小微企业的融资可获得率。

中小金融机构在金融市场与大型金融机构竞争中应当主动发挥自身的比较优势。中小金融机构没有必要与大型金融机构共同争夺大企业的利益蛋糕，而是应该利用自己营业机构遍布金融基层、熟悉地方企业人脉信息、授信成本低等小机构优势，在小微企业信贷服务这个方向做精做强，主动承担起一部分社会发展的责任，竭力为保障小微企业经营发展、缓解企业融资约束做出自己的贡献。例如，中小金融机构可以吸纳受到大型金融机构金融排斥的弱势企业及个人，在缓解区域金融信贷资金供求矛盾的同时，也为众多小微企业提供了更多平等融资的途径，让闲散资金更多地流入有迫切需求的小微企业手中，从而提升了社会资金的流通和利用效率。

2. 加大融资产品创新

金融机构应当继续加大小微企业金融信贷产品板块的开放和创新力度，扩大产品研发投入规模，并系统地、有针对性地根据各类型各时期小微企业的不同特征量身打造深度契合的小微企业信贷产品。

一方面,大型金融机构要凭借自身强大的规模实力优势,积极开展小微企业新型信贷工具与渠道的开发设计工作,如可以紧密结合现今大数据潮流的特点,借助数字科技打造新型数字融资方法,以低成本、高效益深度适配小微企业量大、基数多的融资特点,为小微企业融资提供更加全面贴心的一体化信贷服务。

另一方面,中小金融机构也要进一步细化区分辖内所服务的小微企业信贷状况,主动利用自身对基层企业人脉、文化、经营等状况熟悉的优势,对不同条件情况的小微企业采取差异化信贷措施,发展针对各类型企业情况的紧密对应的金融产品,例如,可设计开发循环优惠信贷工具,对一直守约按时还贷的企业采用正向激励机制。小微企业融资额度可随着每一次按时守约的完成而得到逐步提高,对于守约行为一直保持良好的小微企业还可以给予一定程度的融资利率降低优惠。而对于经常出现违约行为的小微企业,机构审计部门要进行系统深入的分析,找出其中的原因。如果是因自身外部条件导致违约行为,金融机构应当帮助小微企业分析困难源头,进行技术帮扶;而对于恶意违约的小微企业,金融机构则应该及时终止后续信贷服务,将其列入征信系统黑名单。

3. 不断创新信贷技术

金融机构应当紧随时代发展不断革新传统信贷技术,创新开拓可担保抵押的类型和范畴,拓展小微企业融资担保渠道,提高小微企业融资获取覆盖率。另外,金融机构还应当积极探索吸取国外先进信贷技术,并与区域地方实际行情紧密结合,创新灵活适配地方小微企业的信贷方式,借助数字科技将企业人际关系、经营行情等审批软信息转化为数字信息,采取全新的数字信贷新技术更快捷有效地为小微企业提供信贷支持。

此外,金融机构还可以通过多项信贷技术的灵活组合,构建多种审批机制来处理不同情况的企业融资请求。

4. 营造良好县域金融创新氛围

政府要引领打造浓厚的创新发展氛围。政府应当做好以下工作:加大对县级高新技术产业的发展投入,增加财政科研教育经费支出,营造浓厚的知识学习风气;对外引进精英管理人才和科研学者,培养发展本地特色专利产品,积极开展创新发展的宣传活动,形成本地正向创新发展效应;鼓励企业培养创新规划意识,激励辖内金融机构和小微企业主动进行产品经营模式创新;通过良性提升金融市场竞争发展水平,促使金融机构为实现利益最优而大力开展产品工具和理念的创新改革。

金融体系各行业也要主动探索新型金融合作关系，各金融中介应当通过各自优势功能互补实现区域金融效率最优。政府要做好以下工作：积极对外引商入资，通过本地独特市场创新发展氛围吸引国内外正规风投创业投资公司入驻，培育良好金融创业土壤；鼓励发展本地基金、企业发行信用债券等直接融资方式，优化县域固有单一融资结构；紧密结合大数据、人工智能等潮流创新技术，探索构建新型县域金融模式；敦促小微企业自我革新内部落后经营理念机制，主动吸取前沿企业管理经验，探索建立企业科学管理标准，完善企业内部财务、管理、生产等方面建设。

（五）推动县域财政经济可持续发展

1. 构建完善的财政监督体制

在县域财政经济发展期间，财政监督部门应当明确财政监督的目的，同时规范管理与服务，将以往的事后监督，转变为事前预测、事中控制、事后追踪，以实现财政资金的全方位监督与管理，进而形成监管并重的局面，确保财政监督切实落实到财政资金运行当中，以此实现监督管理与检查的规范化及制度化。

此外，财政监督部门还应充分利用现代化信息技术，积极创新信息网络结构，实施财政监督，通过网络监控，实现信息资源的共享。监督人员技术水平的高低直接关系监督工作落实的好坏，进而影响监督效果，因此不断提高监督人员的知识水平及业务素养，能够很好地提高财政经济监督工作的效率。

2. 积极完善转移支付机制

县域政府要积极推动农村信用社的改革与发展，不断完善其运行管理机制，吸引大量的金融机构，加大农村信贷投放力度，提高金融支农的政策性支持力度，支持农业发展期间的中长期贷款。

县域政府要积极完善县域财政经济的转移支付机制，有效整合财政专项资金，以便合理、科学、有效地提高专项资金的利用效率。

3. 提高农业与工业产业化的发展力度

推动县域经济不断发展的关键是工业，工业兴则县域也随之兴盛，工业强则县域也会变强，在所有的行业当中，工业财源最为广泛，如果没有工业的兴起，县域的经济也就无从谈起，难以摆脱贫穷二字，纵观各大强县，虽然它们之间有所差异，但它们都是从调整产业结构入手，推动工业飞速发展，进而推动县域发展的。同时，县域政府在推动工业发展期间，还需要不断推动第一产业的发展，积极增加农业基础设施等方面的支出，通过先进的技术和设备，带动农业现代化发展，实现农业生产的规模化及标准化。

4.构建县域财政收入的最低保障以及稳增机制

县域政府作为乡村公共服务的主体，承担着很大的供给责任，因为省份之间的县域经济发展水平有一定的差异，在测算县域财力最低保障的过程中，应根据财力均等的标准，以省为单位进行计算，同时应确保工资与运作等支出不受影响。

近年来，虽然国家越发注重县域经济的发展，但县域经济和地区财政之间仍潜在一定缺陷，因此县域政府应进一步提高财政收入，积极完善财政监督体制，不断加大财政对县域经济发展的支持力度，进而实现地区经济的持续稳定发展。

二、加强电子银行对县域经济的金融支持

（一）实施策略

1.加大电子银行产品的宣传力度，提高认知度

（1）建立电子银行产品宣传长效机制

一是加大电子银行产品的宣传力度，打造品牌形象。县域支行可以采取以活动为主，辅以广告宣传的推广策略，配合上级行整体营销计划，结合县域支行客户接受程度，有针对性地定期与商户举办联合营销活动，实现由线下商户向线上引流。

二是在全年结合各类节日和季节特征灵活开展主题营销活动，全面树立电子银行品牌形象。

三是利用智能播控系统和电子宣传设备开展营销宣传。县域支行可以充分利用微信朋友圈、公众号推送、朋友圈宣传等渠道，对电子银行产品功能、特色服务等进行全方位、立体化的宣传扩面工作，进一步提升品牌影响力。同时，县域支行还可以发挥线上宣传的优势，借助微信公众号推送各类优惠促销信息。

（2）强化电子银行产品的业务和使用培训

县域支行应重视业务培训，优化营销队伍。

一是要加大培训力度，建立长效培训机制。各县域支行要结合自身情况定

期组织电子银行业务培训，不断更新客户经理、产品经理等相关人员的电子商务业务知识结构。

二是要做到培训时间自由、形式多样。各行可以结合5G技术创新培训场景，采取视频培训、微信推送、业务研讨会、直播等多种形式开展培养。在普及电子银行业务相关知识的同时，各行还要注意营销技巧、营销渠道、营销方式等相关知识的培训，以实现员工营销能力的综合提升。

三是在全行普及电子银行业务知识，形成全员营销氛围。各行要让各个业务条线和岗位的员工都能了解电子银行产品特别是电子缴费和网上支付等功能。各行还可以组织讲座、研讨会、内部营销等活动，鼓励员工亲身体验电子银行产品和服务，为电子银行业务发展献计献策。

县域支行还要加强对电子银行产品的使用培训，尤其针对农区接受程度相对较低的人群，可以通过走进企业、走进社区、走进村委、走进专业市场等途径和组织研讨会、讲座、帮扶会、集体社保缴费等形式，以常使用、新推出、聚优惠为培训的切入点，逐步宣传、引导、培养客户使用电子银行产品。

2.完善服务体系，提高使用率

（1）落实线下电子银行服务体系

全面推进县域电子银行服务区建设，在获客方面，县域支行可以通过丰富场景、提供优质产品和服务，吸引客户。另外，县域支行还要建立客户回访制度，对重点客户、高端客户在月度重点时段、重要节庆要进行回访，对普通客户要建立电话回访机制，要主动了解客户在使用过程中遇到的困难，及时进行解决。

（2）完善线上客户服务体系

实时互动是客户服务细节的创新。在竞争激烈的电子银行市场，细节更能体现产品和服务的质量。线下和线上服务相比，最大的优势就是能提供面对面的服务，对客户疑问和困难及时提供答疑和帮助，更容易获得客户信任，目前个人网银虽然提供线上温馨提示、业务操作演示等辅助功能，但操作演示是独立于客户操作流程之外的，在县域支行客户主动性和学习性不强的情况下，复杂的操作演示并不会为客户提供实质性的帮助。

（3）设计简易版电子银行界面

电子银行产品的普及依托于其便捷高效、安全可靠的特点，县域支行要想实现电子银行的进一步拓展，必须将产品设计人性化，提高产品的易用性和可得性。

县域支行可在手机银行和网银等电子银行产品中设置客户之声、员工之声，倾听客户的声音，满足客户的多样化需求，针对不同的客户群体，在使用产品还后可以让他们评价产品，以便及时进行优化改进。

针对县域支行大部分客户综合素质较低的情况，为增加易用性，可以设计简易版电子银行界面，并能实现简易版和普通版随意切换，要让不同的用户在使用时可以选择适合自己的模式。简易版的电子银行覆盖的功能要尽量多，但展示要更为简单清晰，为方便客户查找，使用菜单的层级要尽可能地少，在客户使用一段时间后，系统要能根据客户的使用偏好，将客户最常使用的产品和功能放在首页最容易看到的地方。

另外，为防止客户遗忘，当客户登录电子银行系统后，系统会自动弹出对话框提醒客户即将到期的存款和理财产品，当客户想一键查看相关理财产品时，系统又能根据客户风险偏好和购买习惯推荐相应的产品，并提供产品简介，如果客户想要购买则可以一键委托购买，在产品到期后可以自动转入新的产品，避免资金闲置，实现客户收益最大化。简易化和人性化的设计可以提高县域电子银行市场的占有率，增强客户的黏性。

3. 细分市场，差异化营销

（1）个人客户

对于高端客户，可以组建理财、保险、私行等专业营销团队，通过系统化的调研和评估制订满足个性化需求的电子银行产品组合方案。对依靠发展第二、第三产业迅速致富的个体、私营业主、种养大户等中高端个人客户，网点主任和客户经理应配合进行上门营销，根据客户实际经营状况挖掘产品需求，设计产品套餐，通过推介便捷的网上服务功能，满足其线上化的收付款需求。对于中低端客户，应以网点客户经理、厅堂大堂经理为主，通过向客户宣传手机银行优惠活动，引导其持续使用电子银行，同时还应推出适合三农客户的网上银行产品，逐步将柜台压力向线上转移，增强客户的黏性。

县域支行应落实客户分层服务，推广全渠道组合营销新模式。对于未签约客户，应提供以自助注册方式为主的网络、语音等在线金融资讯服务和自助金融服务，激发客户使用电子渠道服务的意愿。对于已签约的普通客户，应提供包括网络、语音、短信、自助服务模式在内的全渠道组合服务，方便客户选择任意网络、任意终端随时享用在线金融服务。

（2）对公客户

县域支行应细分对公客户层次，满足特定客户需求。针对小企业客户，要做好服务落地和日常维护工作，既可以推出网上银行中小版，简化操作员管理模式及操作流程，以账务查询、结算服务等为小企业客户提供必需的基础服务，又可以通过网点、工商局、公众号、村委等进行拉网式营销，推广中小企业普惠金融政策，重点满足广大县域客户的在线金融服务需求。

针对大中型公司类客户，要加强与上级行的联动营销，可以围绕其财务核算、资金归集、员工福利筹划等方面的特殊需求，为其量身定制银企通、资金归集、对公理财、线上缴费、代收代付等综合性电子银行服务方案。针对工商、税务、政府等机构类客户，要配合上级行做好外拓服务，可以积极利用地方政府融资平台等开展关系营销，实现批量获客，重点推出电子工资单等电子银行产品，制订个性化金融解决方案。

4.强化产品创新，满足差异化需求

（1）充分利用政策优势

在"三农"领域，若想实现电子银行新突破，就要积极与当地政府部门洽谈，全面了解服务"三农"与电子银行的相关政策，获得营销推广和运营支持。特别是对于商务部"电子商务进农村综合示范县"来说，县域支行要主动申请由上级行牵头，争取政企合作机会，力争将电子银行产品打造为当地政府的信息入户平台、金融支持平台、精准扶贫平台。

（2）加强与当地商户的合作

电子银行应从衣食住行各个领域选择优质商户，通过县域支行和对公客户联合营销，实现资金流量的内部循环。

一是优惠券诱客。一方面通过银行发放优惠券，诱导客户到商户消费，如超市、商场、旅游景点等，客户领取优惠券后，向商户展示优惠券，门店收银员核销优惠；另一方面通过优惠券受理，诱导客户开通电子银行。

二是线上获客。首先为商户提供线上进件渠道，实现商户获客，其次为个人客户提供电子银行App下载、二类户在线开户、信用卡申请、贷款申请等，实现个人客户获客。

三是线上线下一体化获客，通过优惠券引导客户到店消费，通过扫码支付，实现场景商户收单和客户支付的双活跃。

四是持续运营实现留客，通过多样性的活动，完成银行向商户导流客户，从而实现客户的持续活跃和留存。

（3）实现线上场景化定制

随着金融与科技的不断融合，银行不仅是一个"地方"，更是融入大众日常生活的一种"服务"。银行通过消费场景建设，将金融服务嵌入衣食住行等各类消费场景中，目的是不断满足客户生活方式的转型升级，进一步提高客户获得感。下一步在渠道和网点建设上，银行应不断提高传统网点的覆盖辐射面，大力丰富和完善各类消费场景，并注意梳理资金源头，强化源头营销，同时还应加大场景化输出，强化联动营销。

社区场景是网点服务周边社区居民的线上抓手。电子银行，可以提供基础的社区管理功能和基本的社区物业服务功能。

（二）实施保障

1. 组织保障

县域支行应紧跟电子银行业务发展战略步伐，牢固树立服务城乡的理念，建设县域领军电子银行，完善电子银行业务组织管理体系；应按照上级行要求切实落实支行相关机构和网点人员配置，尽快成立电子银行业务专业团队，真正承担起电子银行业务管理、培训等具体工作；应重点突出客户营销和服务职能，组建电子银行专业营销团队及线上线下售后服务团队，为电子银行业务发展提供组织保证。

2. 制度保障

县域支行应建立涵盖电子银行产品创新、营销、服务等各方面的内部激励机制，实现收益的分配与每个人的贡献度挂钩；应在电子银行渠道建设方面及营销激励方面加大投入；同时，在绩效工资分配上要有针对性地向电子银行产品营销上倾斜，用制度激发员工营销电子银行产品的积极性，逐步加大该业务在县域地区的推广力度。

3. 人才保障

县域支行要不断提升网点效能，发挥与线上的差异化优势，提升网点营销队伍的战斗力。县域支行应将转型后网点释放出来的人力资源充实到电子银行营销岗位上来，推动岗位优化调整，明确各岗位的营销职责，实现全员营销和协同营销，同时还应将电子银行营销嵌入大堂分流和柜面服务中来，充分释放网点营销电子银行的潜能，提升网点综合营销能力。

4. 技术保障

在技术保障方面，县域支行需要强化运行监控，做好电子银行运行情况监测，发现异常情况要及时向上级行报告。县域支行要积极受理客户咨询、投诉，做好宣传解释工作，维护电子银行形象；要适应电子银行业务未来快速增长的市场需求，科学规划技术架构和服务容量，提高业务连续性水平，降低运营风险；要考虑农村地区网络基础相对薄弱、电子渠道设备置放分散、安保环境缺失等特点，加大投入，提高各项技术基础设施的抗攻击能力，为电子银行业务发展打造安全可靠的技术依托；要在保证电子银行业务无风险的基础上加快产品研发和创新，保证系统的稳定性和流畅性。

三、加强普惠金融发展对县域经济的金融支持

（一）因地制宜地制定普惠金融政策

普惠金融政策对城乡收入差距的影响依据县域经济发展水平的不同而存在差异，不同地区由于产业结构不同、人口聚集度差异，因而对政策的接受度及实施效率是不同的。根据实证结果发现，普惠金融政策对城乡收入差距的影响与县域经济发展水平呈倒U形关系。在经济发达的地区，由于人口素质相对较高，金融知识接受度高，农村人口财富积累普遍能够达到金融服务准入门槛，因此通过扩充金融服务渠道等普惠金融方式，能有更高的金融投入产出与金融服务效率。在此基础上，普惠金融发展水平与城乡居民收入差距有较大的负相关性。在经济发展相对落后的地区，地区金融发展处于萌芽甚至是空白阶段，引入普惠金融服务能够收获较高的边际效用，因此普惠金融发展有效地缩小了城乡收入差距。

而对于中等经济发展水平的地区而言，金融服务有一定的供给存量，农村居民对于新型互联网金融服务的接受度较低，对金融服务的认知局限于传统金融机构的服务供给，因此普惠金融政策提供的相关服务并不能获得一定的产出和效用，并且相关服务如小微信贷等商业普惠性贷款，对服务人群的资产门槛有一定的要求。中等经济发展水平的城镇由于经济活动不够密集，商业资本积累度不够，产业模式老旧，所以仅靠提供低门槛融资、投资渠道来实现有效发展农村经济、缩小城乡收入差距的目的是远远不够的，而应该因地制宜地进行政策改良，比如进行农村新型商业模式的推广与政策扶持。在普惠金融知识普及方面，相比于经济发达地区的金融知识宣传力度，中等经济发展水平的地区和经济欠发达地区的相关金融知识宣传和普及力度需进一步加大。

（二）推动农业产业化改革和发展

相关资料显示，农村人口务农比率与城乡收入差距总体呈现正相关关系。

农村人口务农比率越高，城乡收入差距越大。

由于农村居民通过农业生产方式获得的边际报酬率远远低于通过现代化生产手段获取收入的城镇居民，在城市化发展不完全的大背景下，城乡收入差距无法避免。通过普惠金融手段助力农业产业化发展对我国农业改革与发展具有重要指导意义。农村机械化覆盖水平与城乡收入差距呈现负相关关系。无论是分区域还是从整体来看，农业机械化覆盖水平越高，城乡收入差距越小。农业的可持续发展是我国经济社会可持续发展的基石，农业机械现代化发展是我国农业转型升级的重要途径，加速农业机械化改革进程，提高边际产出效率，对缩小城乡收入差距具有重要意义。

（三）优化信用监管体系建设

我国普惠金融服务模式包括传统金融服务模式和新型金融服务模式，在互联网金融迅猛发展的当下，相对于传统金融服务模式的高成本、高投入，互联网金融具有低成本投入、覆盖面广、种类丰富的特点。低收入人群主要聚集在郊区比较偏远的地域，人口分布零散，传统金融服务的投入产出比率较低，而借助互联网金融服务模式，能更有效地服务受众人群。现阶段，传统金融行业也在大力拓宽互联网金融服务业务范围，民间金融更是大力将农村金融服务需求纳入业务拓展范围内。除了互联网技术优势之外，信用搜集与监管也是互联网金融发展的根基所在。扩大群众征信范围，实行规范化管理、监管，建立信用信息共享平台，能更有效地刺激互联网金融的发展，从而让互联网金融更好地服务于农村经济发展，缩小城乡收入差距。

四、加强县域金融对农户支持的对策

在金融支持不断推进的过程中，大部分农户因自身能力不足的限制而无法从严格的审批流程中获得贷款。武汉大学虞崇胜教授从政治哲学的角度探寻，发现精准扶贫必须落实到提升贫困人口可行能力上。不难看出，对于农户而言，提升农户可行能力是落实现阶段精准支农的落脚点。农户综合能力的上升既可以满足金融机构发放贷款风险防控的严格要求又可以提高农户自主创业的成功概率，从而能够大大减少农户因自身条件有限而造成违约情况的发生。

（一）多渠道传播金融知识

中国人民银行金洋高级经济师认为金融支持乡村振兴需要切实加强金融知识宣传普及，逐步提高农村经济主体的金融意识、金融素养、金融工具的运用能力。政府部门及金融机构等应将普及金融知识作为一项公益事业，通过多种渠道传播金融知识，为农户提供深入了解金融产品和金融服务的机会，特别是针对贷款意愿不强而条件较差的农户，要了解其不愿贷款的原因，帮助其分析贷款的利弊，使其充分了解金融知识后再做选择，从而有效传播了金融知识。

政府部门及金融机构等可以借助现代化新媒体传播金融知识，在传播金融知识的同时，强化金融产品的宣传有益于提升农户的社会资源，在宣传过程中要注重方式方法，尽量从知识传播的角度进行宣传，让农户易于接受，加深农户对金融知识及产品的理解。

政府部门及金融机构等还可以培育专业的金融知识宣传队伍，对农村地区的金融从业人员进行专业的知识及技能培训，依据他们对当地农户的熟悉程度，用他们认为适合的方式为当地农户宣传金融知识，即通过官方亲民的方式进行金融知识的宣传，确保农户不会产生排斥心理，且令不愿意贷款、观念老旧的农户改变对金融的看法。

（二）简化审批流程

在做好风险防控、保障资金安全的条件下，金融机构应简化金融业务的审批流程，提升农户人力资源、社会资源及自然资源。金融机构可以根据农户的特点，打造专门服务于农户的业务流程，提供多元化的产品服务。简化审批流程最主要的目的是服务于客户，为其创造价值。在进行金融业务的同时还应收集农户的反馈，针对各项审批流程予以调整：精确化金融业务准入条件，将业务办理要求精确化，分层次列示各项业务办理要求明细，以供农户自行选择符合要求的业务进行办理；保留必要的审批项目，保证农户达到办理业务的必要条件，确保资金安全，最大限度缩减业务审批流程；同时减少流程中占用资源过多的环节，改善流程中令农户感到不满意的环节，做到既能简化农户的业务办理过程，又能节省资源；还可将部分审批权限下放至金融机构、业务人员，从而减少信息传达所消耗的时间，加快业务的办理，为申请业务办理的农户提供高效快捷的金融服务。

（三）尝试能力信用无抵押小额贷款

金融机构应进行业务创新，尝试能力信用无抵押小额贷款，提升农户物质资源。能力信用无抵押贷款不同于普通贷款，普通信用贷款依靠客户的信用程度，普通抵押贷款依靠客户的抵押物及资产，而能力信用贷款则通过衡量农户的可行能力给出贷款额度，农户的可行能力包含农户的7项资源，不仅包括农户的信用考量（保障性资源），同时也包括农户的各项资产及可能实现的功能性活动。

总体而言，此项贷款衡量的是农户的综合能力，能够更为具体、细致地给农户一个信用额度，对金融机构的放款安全有很大的保障，同时也可以帮助农户在较为自由的情况下获取一定的贷款额度来缓解日常需求及生产需求。能力信用无抵押小额贷款，不仅能够更好地满足国家、省市强调的风险防控要求，保障资金安全，还能满足金融机构的高质量贷款需求，实现风险防控与扩面增量的平衡。

（四）多方位发展金融科技服务

首先，金融机构应多方位发展金融科技服务，为农户提供更多的金融科技产品，加快提升农户人力资源、社会资源、物质资源、精神资源及保障性资源。金融科技服务的发展将对农户的可行能力起到全面的促进作用，有助于显著提升农户的可行能力，加快县域金融的发展。桂林理工大学马小龙教授在研究金融支持农户创业的路径时提出应建立大数据创业信贷产品体系，为创业农户提供便捷、高效的综合化金融服务。

其次，金融机构应加强金融科技发展，打造金融科技服务模式，提升金融科技服务质量。金融机构主要应做好以下工作：强化金融科技应用，发挥金融科技独有的优势，持续建设金融智慧网点，服务全面化，提升金融科技服务范围；大力发展县域金融数字平台，推出特色涉农金融服务，完善金融科技服务风险防控；实行灵活性、针对性强的业务考核机制，强化业务人员金融科技知识，更好地服务于人民。

现在大部分农户的主要支付方式为移动支付，说明大部分农户已经掌握较为基础的互联网金融业务，能够逐步地接受现代化的科技产品。农户由于对金融及金融科技的了解程度有限，所以对县域金融科技产品的要求不高。金融机构可以打造针对农户的金融科技服务模式，在现有的金融科技平台开启农户专用通道，针对农户目前的认知情况设立对应的金融服务，如农事查询、农业保险查询等。未来在县域区域，金融机构可以发展更多符合农户特点的金融业务，帮助农户使用金融科技平台而不再局限于支付、转账等最基础的操作。对于自主创业或自家种植生产农作物的农户，金融机构可以为其提供专用的农产品销售渠道，用简洁易懂的操作方式提供帮助。同样对于需要购买基础资料或生产资料的农户，金融机构也要使其能够在该渠道下购入所需商品，要较为全面地服务于农户。金融科技服务，在丰富农村金融科技产品的同时，还能进一步释放消费潜力。

最后，金融机构应丰富金融科技产品的多样性。我国互联网的爆炸式发展促使金融科技领域越来越广泛,且金融科技领域还在持续地扩张,发展县域金融科技领域成为必不可少的一环。高速发展的互联网金融为金融科技的发展打下了良好的基础。在大数据、人工智能、云计算、区块链等技术的支持下,金融机构应以金融消费者的需求为导向,针对农户的异质性需求定制出更灵活、更多样的金融科技产品,提供具有个性化的服务。研发贴近市场、贴近农户的金融科技产品将大大促进农户可行能力的增长,从而有效促使农户综合素质得到全面提升。对于更加复杂、困难的金融需求,金融机构可以通过金融需求场景化寻求金融科技公司共同开发金融科技相关产品,建立全面金融科技产品定制体系,提供多样化服务。

五、县域金融风险防控政策

(一)制定金融稳定类法律法规保障国家金融安全

为防范和化解系统性金融风险,健全金融稳定顶层制度设计,解决风险处置实践中存在的突出问题,我国可以借鉴国际金融监管改革经验,专门制定金融稳定类法律法规,建立统筹全局、体系完备的金融稳定工作机制。同时,要明确各部门及地方政府职责,压实各方责任,补足风险处置制度短板。

(二)压实金融机构风险处置主体责任

村镇银行要按照监管要求,坚守市场定位,转变经营理念,深挖深耕农村市场,切实做好支农支小金融服务工作,同时要顺应市场变化,调整经营思路,培养风险防控文化,强化风险防控意识,从源头上防范风险的发生。政府要强化村镇银行发起行落实补充资本和风险处置的牵头责任,同时对高风险金融机构,要及时采取市场化、法治化原则推进增资扩股、兼并重组、引进合格战略投资者等措施进行风险处置。

(三)强化地方政府金融风险防控属地责任

应从国家层面明确地方金融监管权限和风险处置责任,按照属地原则强化风险处置和维稳的第一责任,从省、市、县三级层面完善地方金融监管机制,明确风险处置和地方金融监管权限,建立风险管控长效机制。同时,应自上而下建立县域金融监管信息共享机制,及时掌握其他监管机构的数据、监管信息与评价等,推动宏微观金融管理的互相补充、互相促进,实现金融监管协调和地方金融生态环境优化。

第五章 县域经济可持续发展的路径

如果说重点城市的经济是经济发展的引擎,那么县域经济就属于经济基础,它关系到中国更多人的切身利益,是保证区域经济发展的重要堡垒。县域经济既要表现出本地的地域特点,又要根据自身环境进行综合设计,还要配合超大城市的引擎作用,让自身发挥出不可替代的局部作用。本章分为县域经济可持续发展的技术创新路径、县域经济可持续发展的模式选择、县域经济可持续发展的战略选择三部分。主要内容包括国际绿色技术推广的经验借鉴、县域经济可持续发展的技术创新建议、循环经济概述、循环经济模式在县域经济发展中的应用策略等方面。

第一节 县域经济可持续发展的技术创新路径

一、国际绿色技术推广的经验借鉴

发达国家和地区绿色技术的发展具有相对明显的阶段性,在20世纪80年代之前,为应对快速工业化导致的环境污染问题和环境公害事件,当时的绿色技术主要以大气、水、土壤等环境治理的清洁技术为主。此后,随着循环经济、气候变化议题热度的提升,循环技术和低碳技术得到了世界各国的广泛关注。

(一)国际清洁技术推广的典型案例

1. 美国清洁煤技术

清洁煤技术对减少还原型(煤烟型)大气污染和抑制碳排放具有重要作用。美国是最早发展清洁煤技术的国家。为促进环境的保护和改善,美国先后提出了"清洁煤技术示范计划""清洁煤发电计划""先进能源计划""清洁电力计划"等，虽然部分计划在特朗普政府时期由于其对气候变化政策的态度而暂停执行，但这些计划的整体技术推广路径仍对中国具有较好的借鉴意义和实用价值：一是制定了明晰的技术改造与开发应用的路线图，包括分步实施既有电厂设备更新和技术改造，新建电场中采用煤粉超临界发电、整体煤气化联合循环发电（IGCC）等先进技术，基于碳捕集、利用与封存（CCUS）技术建设零排放煤电厂（该项目于2015年暂停，目前更多采用清洁燃料发电）等，明确了技术更新与推广应用的具体步骤。二是将政府主导的技术研发、示范与企业商业化运作紧密结合，包括实施各类示范项目，采用税收优惠、抵免等手段来降低新技术生产成本，促进技术商业化运营。三是通过严谨细致的法律条款来支撑落实。

例如，1970年，美国通过的《清洁空气法》对涉燃煤的大气污染物进行了排放限定。2005年，美国通过的《能源政策法》对技术研发拨款、税收优惠等做出了具体规定。2010年，美国后又出台了一系列关于碳封存、碳捕集方面的法案。但是，近年来由于美国煤炭消费量的急剧下降，一些研究认为高效燃煤技术主导市场将由美日转向存在价格和需求优势的中国，随着能源市场中煤炭产业的结构性衰退，清洁煤技术可能缺乏更广泛应用的市场环境，而相比之下页岩气革命在美国则更有前景。

2. 日本琵琶湖治理

琵琶湖是日本第一大湖泊，它在严重富营养化后经过了40多年的治理，目前其水环境质量显著提升。在琵琶湖治理中，治理技术推广的成功之处在于：一是形成了覆盖全面、相互促进的技术集成体系。琵琶湖治理技术涵盖农业生产管理、工程建设、污水处理和信息化技术，特别是水资源监控、水质预测等信息化技术为政策的及时干预和治理技术的选择提供了决策工具。二是严格立法和提高治理标准。日本先后制定了《琵琶湖富营养化防治条例》《湖沼水质保护特别措施法》《琵琶湖保护与修复法》等法律法规，并对城乡生活污水、养殖业和水产污染源实行了高于国家要求的排放标准。三是加强资金保障和利用经济刺激手段。中央和地方财政分担，专门设立琵琶湖管理基金、研究基金，建立水源区综合利益补偿机制，若农民采用环境亲和生产技术，则可申请生态农民认证并获得农业改善基金的无息贷款和特殊税收抵免，琵琶湖所在滋贺县的生态农民数量已居日本各县前五名；同时积极推广农业用水收集及集中预处理技术，降低治理成本。四是开展宣传教育和引导利益相关者参与。1980年，日本开展了"琵琶湖ABC运动"，并建立了环境教育基地。2017年，日本制定的《琵琶湖保护与修复措施规划》中也强调要加强地方公共团体、企事业单位、居民联动和实施体验型环境教育，以宣传琵琶湖保护和治理的重要性，并将政府作为协调员，促进主要利益相关者之间的协作、合作。

3. 美国超级基金制度

土壤污染具有历史遗留问题多、追责难、污染积累性和长期性交织的特点。美国是较早开展旧工业区污染土壤修复的国家。1980年，美国颁布的《超级基金法》（全称为《综合环境反应、赔偿与责任法》）对其他国家和地区污染土壤修复政策造成了深远影响。

美国的污染场地修复对我国未来土壤污染防治的启示在于：一是与时俱进的立法演变支撑了修复技术的开发及产业化。《超级基金法》设立了等级体系和国家优先列表（NPL）来筛选优先治理地块，热解吸修复、土壤淋洗、微生物修复等技术通过示范工程得以推广应用。针对《超级基金法》在实施过程中存在的资金使用效率低、污染地块清理时间过长、对土地后续开发者不利等缺陷，美国又相继颁布了《纳税人减税法》《棕色地块复兴法》来吸引社会资本投入土地修复开发。二是多方面保障土壤修复资金需求。土壤修复所需资金庞大，美国除采用征收石化行业专门税、向责任方追索、财政拨款的手段外，还充分利用市场手段筹集修复资金，如利用低息贷款等直接融资、税收抵免等间接融资、环境责任险等方式来分担资金负担。三是通过顶层设计推动多主体参与修复过程，如美国采用优先开发棕色地块的宏观战略，鼓励土地所有者、房地产商、金融机构积极参与土地修复，同时通过公众参与推动立法发展和项目实施。《超级基金法》迄今已经运行逾40年，亦有学者认为其存在对风险判断的时效性差、场地污染风险与清理工作不直接关联等缺陷。

（二）国际循环技术推广的典型案例

1. 日本循环经济体系

循环经济是改变传统粗放型经济发展模式，突破资源紧约束，以生态学规律改造生产、消费系统的重要手段。日本的循环经济发展一直处于世界领先地位，技术进步为日本的循环经济制度提供了坚实基础，日本支撑循环技术研发及推广应用的重要举措如下：一是建立了最为完备的法律法规保障体系。日本从基本法、综合性法律和专项法等多个层次构筑了重点针对废弃物管理和资源循环利用的法律体系。二是建立了从技术开发到推广应用全过程的财税支持体系。这其中就包括对循环技术的研发实施科技奖励，为相关企业特别是中小企业提供融资支持，对引进相关设备的企业采取税收优惠和特别退税措施，为开展循环技术实用化的中小企业、新产业提供补助金。三是注重发挥中介组织在技术推广中的桥梁作用。例如，由经济产业省牵头的日本清洁中心主要与企业联合进行循环利用技术开发，提供企业技术培训，开展技术推广和政策宣传。四是努力构筑市场支持体系。日本的循环经济进程以消费者和制造商之间的有效合作为特征，包括通过政府"绿色采购"的杠杆、示范效应培育绿色消费市场。

有研究认为，从中日循环经济发展上比较分析，目前我国循环经济的瓶颈可能不在技术推广方面，而是缺乏适用性技术支持，导致静脉产业（垃圾回收和再资源化利用产业）难以实现工业化，政府应集中投资以促进资源利用方面的技术突破。

2.欧洲生态工业园建设

生态工业园是工业生态学的具体实践，它通过上下游企业产品、废弃物的关联，形成产业共生、资源循环的园区发展模式。欧洲各国生态工业园建设使循环技术有了用武之地：一是通过社会资本和促进互信，实现循环技术的推广和实用化。生态工业园的建设存在技术、信息缺乏可靠市场和监管障碍，由于工业共生体系下企业因物质流而相互锚定，企业间需要充分共享技术流程和数据信息，信任和互惠在此时显得尤为关键。例如，丹麦的卡伦堡生态工业园属于自发型生态工业园，企业间出于"熟人"层面的信任签订双边合同，自发互换废料形成产业共生体系，同时成立共生协会实现园区与外界的有效沟通。二是通过统一规划和政策引导组建生态工业园。如英国、法国、荷兰、芬兰等国，以地方政府为管理主体，基于园区整体规划打造生态工业园区，畅通园区内企业交流，从而从顶层设计给技术推广构筑良好载体。三是通过强化内部管理和区域合作破除技术推广障碍。西班牙、荷兰、瑞典、德国、芬兰、葡萄牙6国共同制定了Ecopadev计划，用于协调生态工业园的联合发展。该计划，不仅有助于调解城市、园区中各主体的"利益冲突"，还有助于建立相对稳定的国际合作平台及机制，并有助于帮助地方政府开展循环发展宣传。

此外，也有研究认为不能过分强调环境规制在生态工业园建设中的作用，它甚至可能会成为工业共生的障碍。例如，丹麦卡伦堡生态工业园在技术方面不强制实施技术标准，而是要求企业提供持续改善环境绩效的计划，监管框架的灵活性促进了工业共生体系的发展。

（三）国际低碳技术推广的典型案例

1.欧盟可再生能源发展

加快发展可再生能源，减少化石能源消费比重，是减少传统大气污染物和碳排放的治本之策。欧盟是促进可再生能源技术开发和应用的典型代表，其通过将技术推动政策和需求拉动政策联用，在全球范围内逐步形成可再生能源技术创新和推广的领先优势：一是制定了综合性战略、技术支撑平台和框架资助计划。1996年，《未来的能源：可再生能源》绿皮书中明确了欧盟提升可再生能源份额的总体思路，之后发布的"可再生能源电力指令""2050能源路线图""2030年气候与能源政策框架"等综合性战略计划，提出了可再生能源份额的具体目标；2015年，新版"战略能源技术计划"更为关注技术研发与部署，提出在高性能可再生能源技术集成、降低可再生能源关键技术成本等方面优先行动。同时为落实综合性战略，欧盟组建了光伏、风能、可再生能源供热与制冷等一系列技术创新平台，并通过第七、第八、第九框架计划投资落实。二是实施配额交易（绿色证书）等机制倒逼可再生能源技术拓宽市场应用。目前，配额交易机制和可再生能源固定电价制在欧洲国家运用最为广泛，配额交易机制通过强制设定可再生能源发电数量来扩大相应发电技术应用范围，并利用配额交易来降低技术更新成本。三是支持以消费者为中心的可再生能源转型。欧盟政策尤为重视消费者意愿，如通过改善跨境交易、热能计费来鼓励消费者通过分布式发电生产能源，从而使屋顶发电等技术更快地被公众采用。欧盟在可再生能源领域一直谋求全球领先地位，但按部分国家和地区呼吁的2060年实现100%可再生能源的方案，高温固态电解、氢燃料汽车等关键技术仍待做重大改进。

2.美国绿色建筑产业化

自2000年以来，美国获得绿色建筑认证的物业每年以约50%的速度增长，美国的绿色建筑技术推广与产业化息息相关。美国在绿色建筑产业化发展历程中对技术推广有较强影响的举措可归纳如下：一是注重认证标准和建筑标识体系的应用。美国绿色建筑协会推行的绿色建筑评估体系（LEEDTM）是全球最富影响力的绿色建筑评价标准，而"能源之星"计划在1996年扩展至建筑领域后，已成为美国应用最广泛的建筑节能产品标杆和自愿性能效标识。二是充分发挥财政杠杆的作用，包括提供固定财政预算支持、设立专项资金推动可更新能源和能效技术应用、建立节能公益基金等。三是通过税收减免对建筑建造及设备选择进行引导。税收减免惠及新建建筑、商业建筑改造、住户或家庭节能改进等方面。四是培育绿色建筑市场并辅以碳市场补偿，如采用示范项目带动、提高建筑标准倒逼绿色建筑产业市场形成，同时通过碳市场的补偿作用提高相关主体的积极性。但是，也有研究指出美国在绿色建筑建设方面也存在市场失灵现象，导致整体供给不足；同时，绿色建筑评价方法上的差异和政策的变动，都可能使绿色建筑的业绩难以衡量而影响投资，而这种对绩效指标的现实需求和一些新兴的评价方案也可能会造成未来政策结构的改变。

整体而言，发达国家和地区较早启动了绿色技术研发并多渠道开展技术推广工作，形成了一些值得借鉴的经验模式。谋划战略规划、制定引导政策和法律规范、推动建立行业标准、提供财税优惠和平台技术支持、培育中介组织和激发公众力量、协助培育开发市场是各国的共性选择。

二、县域经济可持续发展的技术创新建议

（一）清洁技术创新建议

清洁技术大部分已处于相对成熟状态，但由于大气、水、土壤污染治理的公共服务属性，特别是涉及历史遗留环境问题难以找到责任主体，此类技术推广完全依靠市场需求提供资金支持较为困难。

与水污染（点源污染）基本实现集中治理不同，大气污染尾端治理尚有较大潜力可挖，对工业源、交通源污染可以采用提高污染物排放标准、能耗标准的方式倒逼行业引进先进防治技术。同时，可创新金融机制，激活大气污染物排污权交易市场，将环境容量等生态资源转化为生态资产，发展排污权抵押融资、质押融资、租赁等绿色金融产品，支持技术引进和创新。

目前，针对乡村污水处理标准偏高导致设备成本高、运营管理难度大的状况，应充分利用广大乡村地区的环境自净能力，合理调整乡村污水处理出水标准，以破除污水处理技术在乡村推广应用中的障碍，推广经济实惠、后期运行成本低、操作难度小的污水处理技术。此外，由于水价中捆绑征收污水处理费，城镇和工业园区水处理项目能够给予治理方较稳定的现金流，因此委托第三方治理也是进一步推广污水处理技术的较好选择。

目前，国家标准层面仅有土壤质量标准，修复限值标准缺失，导致行业准入门槛不清晰，应加快出台土壤修复限值方面的统一标准，支持技术先进企业抢占市场。治理资金和经济适用型技术缺乏是土壤修复技术推广的共性障碍。当前治理资金主要仍依靠财政拨款和行政收费，特别是在缺乏商用价值的农田、矿区修复领域，社会资本参与动力不足，修复技术多以农艺技术为主，稳

定性需长期跟踪，经济适用型技术研发和产业化难。应落实《土壤污染防治基金管理办法》中关于建立地方防治基金的要求，借鉴超级基金运作模式，采用发行地方政府债券、环保税、城市土地出让金、向污染主体追讨修复费用、吸纳社会资本出资等方式筹措资金，利用财政资金的杠杆作用和土地价值吸引社会资本参与治理，同时打造一批技术推广和商业运作成熟结合的示范项目以供各地借鉴。

随着化肥、农药减量化施用政策的深入，种植业氮磷排放逐步达峰，未来畜禽养殖污染将在农业面源污染中占据更为重要的位置。生态养殖技术受区域自然条件影响大，导致技术种类较多，首先需要从宏观层面明确推广方向和要求，同时可整合生猪大县奖励、土壤有机质提升补助、畜牧标准化规模养殖扶持等惠农资金支持生态养殖技术推广。

此外，针对"重建轻管"致使历史上用于畜禽养殖粪污资源化的重要途径——户用沼气工程出现较多闲置的状况，应健全服务体系、加大管理培训力度、建设基层服务网点，积极向农户提供相关管理培训等成套技术支持方案。

（二）循环技术创新建议

循环技术目前仍处于技术研发拓展期，由于其具有较为直接的市场需求，我们可通过进一步的市场引导来推动循环技术的推广。

一方面，以资源产出率为核心建立园区、企业循环经济动态评价体系，通过政府优先采购再制造产品或再生产品树立消费导向、培育消费市场，并及时更新采购目录引导企业开展技术研发、升级。

另一方面，再生资源具有相对广阔的需求市场，可建立绿色"经纪人"等专业团队、再生资源交易所等服务平台来推动供需衔接。

按照全国人口和城镇化率估计，每年城乡生活垃圾产生量为3.5亿~4亿吨，城镇（不含乡村）餐厨垃圾产生量约为1.4亿吨，推广能源、建材、有机质利用等技术对破解"垃圾围城"困境极为关键。垃圾分类和收集是资源化利用的前提：可通过强制性政策并配合宣传培训，推进餐厨垃圾、生活垃圾分类回收；可采用城市配套费按比例返还等方式，激励乡村做好垃圾统一收运；可采用"O2O"等模式在城市社区、农村居民点建立家具等大件废弃物、危险废弃物、装修垃圾的线上预约、线下回收渠道。同时为提高资源化利用的规模效益，可委托技术成熟的龙头企业采用企业全链条负责的方式进行垃圾资源化利用。

（三）低碳技术创新建议

在低碳技术方面，我国一些市场应用相对成熟的技术已处于世界领先水平，如钢铁生产设备、环保设备等工业制造技术居世界前列，风机和光伏技术基本实现自主产权，但低碳技术相关市场仍需开拓。

工业部门能耗约占我国能源消费总量的70%，是节能技术推广的主战场。对火电、钢铁、有色金属、水泥、石化主要耗能行业制定节能路线图，对主要产品通过建立能效"领跑者"机制配合淘汰计划来推动技术更新；对更换节能锅窑炉、高效电机、再制造高效电机的项目按照节约的标准煤数量给予以旧换新、再制造补贴，补偿部分改造投入；在重点耗能单位（公共服务领域可由主管部门作为业主单位）推广合同能源管理方式，引进节能服务机构。

应审慎规划新能源发电规模，过去对光伏产业采用的初始补贴、度电补贴模式可移植至其他新能源领域，对固定电价、配额交易机制还可进行深入探索。随着新能源发电成本的大幅下降，未来居民家庭分布式发电技术也将得到快速推广，应加快完善新能源机组并网标准，特别对分布式发电可采用区块链等技术开发交易平台，撮合不同主体的购售电交易，降低交易成本，推动新能源发电的公众参与。

历史上对新能源汽车的整车、电池财政补助在具体执行中出现了虚构业务、性能虚标的情况，未来资金扶持上应从购车补贴向税收优惠、停车便利等服务优惠转变。应鼓励政府、国企加大对新能源汽车的采购力度，对组织员工集体团购新能源汽车的法人单位给予财政资金补助。要强化充电、加气、停车场等配套设施建设，对新能源汽车给予一定的道路通行便利（调整物流配送、限行限牌政策），并通过整车租赁、电池租赁、分时租赁等商业模式降低企业、消费者负担。

我国具有改造价值的居住建筑和公共建筑体量巨大，应通过强制性政策明确新建建筑中绿色建筑的比例和星级目标，加强建材、设计、施工、验收、运营的全过程绿色建筑闭合式管理，促使绿色建筑与绿色建筑标准相匹配。应积极发挥绿色生态新城等示范项目的技术推广作用，推进绿色建筑由单体建筑走向规模化建筑群，同时要加强宣传教育和社会舆论引导，消除公众对装配式建筑的认识误区。

第二节 县域经济可持续发展的模式选择

一、循环经济概述

（一）循环经济的概念

循环经济就是以自然资源的高效和循环综合利用为基本目标，以资源减量化和资源集约化为基本原则，以原生物质能源闭路循环和清洁能量闭路梯级综合使用模式为基本特征，把清洁能源生产和工业废弃物的综合利用融为一体的一种经济模式，循环经济本质上就是一种生态经济。

1.经济循环模式概念界定

（1）经济外循环

经济外循环的本质是本国经济的发展主要依靠外部市场、资源，通过与其他国家之间的贸易实现本国经济的增长。对于一个国家而言，是否要采取经济外循环主要取决于本国的经济市场是否成熟，相应的国内需求是否充分，国内各类生产要素资源是否足够，以及是否有与国内各类需求相配套的生产技术和资本。如果不能够满足这些因素，那么一个国家想发展自身经济，就需要依靠外部的资源、技术、资本和市场，从而形成经济外循环模式。经济外循环模式就是在本国经济实力不够强的情况下对外部资源进行整合和利用，并利用本国劳动力、生产要素等方面的优势，使产品在本国加工，并在国外销售和消费的经济发展方式。这种方式能够在短时间内帮助一个国家和地区获得经济发展的动力，通过劳动力和生产要素交换的方式，可获得国外先进的加工和生产技术，但是不利于本国内部消费市场的培育。

（2）经济内循环

经济内循环的本质是通过拉动内需的方式实现本国经济的快速发展。经济内循环可以适用于所有的经济体，但不同经济体的经济基础和资源禀赋不同，这会造成在实施经济内循环时不能达到预期的效果。当一国的经济较差时，技术、资本、人才、市场都比较薄弱，该国如果仅依靠自身的经济内循环，那么不仅很难实现快速发展，还会不断拉大该国经济与世界经济之间的距离，不利于该国经济的发展；当一国的经济基础较好、技术较为先进、资本较为丰富、内部有较大的消费市场时，该国通过实施经济内循环，不仅能够不断地激发经济发展的内生动力，提高整体经济的韧性，而且在国际经济发生波动时，也能降低发生国际经济风险和经济危机的概率。

2.经济循环模式的判定标准

不论是经济外循环还是经济内循环，都属于经济发展模式的范畴。对于一个国家而言，在发展过程中如何选择适合自身发展的经济循环模式，以及判断当前自身经济为哪一种经济循环模式，都要依据具体的情况进行界定。依据经济内循环和经济外循环的定义，我们主要利用对外依存度来衡量一国的经济循环模式，对外依存度是指一国对外贸易总额与国内生产总值的比值。一般而言，一国的对外依存度越高，则该国与国外市场的关联度越高，则当前的经济循环主要以外循环为主；一国的对外依存度越低，说明该国经济参与国际分工的程度越低，则当前的经济循环主要以内循环为主。从当前全球各国经济发展情况来看，国外发达国家的对外依存度基本在30%左右，而发展中国家的对外依存度在50%~60%。

（二）循环经济的特征

循环经济作为一种具有时代特色的经济发展方式，主要由四个层面的特征组成，包括观念层面、技术层面、参与层面和模式层面，下面进行详细论述。

1.观念层面

就观念层面而言，循环经济以可进行持续性的进一步发展为追求，摒弃对价值、经济、生产、消费的传统观念，以生态发展为中心，运用生态学的发展规律来指导经济发展，摆脱经济中以实现利益为主的思想，尽可能降低对资源的耗量和对污染性物质的排量，提高利用效率。

2.技术层面

就技术层面而言，循环经济通过使用治污技术、废弃物回收利用技术、清洁生产技术等手段，实现治理方向由外部处理向内部消化转变的目标。循环经济一直追求的内涵式发展模式，在强调保持生态平衡的同时，又将追求更为理性的生态效率作为自身生产效率的目标，即在促进可持续发展的前提下，协调经济快速发展与环境保护相平衡，以满足当代人和后代人对经济发展的需求。

3.参与层面

就参与层面而言，循环经济要求各行业协会积极参与社会治理，允许行业协会参与到循环经济政策法规的建设中来，建立完善的协会参与制度，明确政府、企业、公众的责任。

4.模式层面

就模式层面而言，循环经济是一种以合作为基础，包含不同层次的合作内容的经济发展方式。不同层次的合作内容包括生产者与消费者间的合作、协会与协会间的合作、政府与协会间的合作、国家与地区间的合作。

（三）循环经济的基本原理

循环经济以资源节约和循环利用为主要方式促进经济与环境和谐发展。循环经济强调把经济活动组织成一个"资源—产品—再生资源"的反馈式流程，采用的是低排放的发展模式，可把经济活动对自然环境的影响降到最低。循环经济发展的思想诞生于20世纪60年代，循环经济出现在中国是在20世纪90年代中期。

循环经济以可持续发展为核心，以资源高效利用为主要原则，以循环利用为主要方式，摒弃了传统的以大量消费、大量废弃为主的经济增长模式。在中国当前资源相对短缺而大量消耗的前提下，循环经济对于促进经济的健康发展具有重要的意义。

循环经济要求遵从生态学规律和经济发展规律，合理运用自然资源和环境容量来实现自然生态系统和能量流动之间的对接，实现经济活动的生态化发展，促进社会经济健康发展。在新的经济发展背景下，循环经济把生态经济和环境保护有机结合起来，从物质能量层级原理出发，将自然经济社会和环境作为一个系统工程统筹考虑，立足于生态，着眼于经济，强调经济建设必须重视生态资本的投入效益，这是资源节约、环境保护、人与自然和谐统一的重要表现。

发展循环经济，实现区域经济的快速进步，有利于更好地解决当前经济发展中资源和环境存在的矛盾，有利于减少经济流通中的资源投入。循环经济注重绿色设计。在对地球生态与人类生存环境高度关怀的基础上，生态环境的再开发需要按照循环利用的原则，促进空间环境资源再修复、再利用，实现循环利用。这样的经济发展模式对区域发展具有重要的作用，特别是针对区域经济发展不平衡的问题。另外，发展循环经济可以减少对资源环境的依赖程度。

（四）循环经济应用的条件

1.以自然生态环境为基础

经济发展离不开自然条件，人类在推进生产力向前进步的过程中离不开自然环境的支持，以自然环境为基础来探究区域发展中的循环经济影响因素，对更好地分析区域经济发展和促进循环经济的开展具有重要的价值和作用。

循环经济与自然环境之间有着密切的关系，区域经济发展不平衡的主要原因是生态资源分布的不平衡，具体来说，自然环境中的水、土地、生物、气候、矿产资源等自然资源禀赋在不同区域中的分布存在着严重的差异。在中国经济发展的过程中，南北方的经济发展模式不尽相同。在过去计划经济时期，中国整体是封闭经济，东北地区凭借自身独特的地理条件优势，成为当时主要的制造业发展基地，在工业化和城镇化方面都处于全国领先地位，改革开放以后，南方地区凭借着沿海优势及航运能力获得了巨大的发展红利，由此形成了经济重心逐渐南移的局面。

可以看到，在不同历史时期，区域发展策略仍是以自身条件为基础，并结合国际国内环境做出调整。自然条件和自然资源是区域经济结构发展的基本因素，这种情况不会因为人为的条件而改变，必须在科技的实力下及经济较强的情况下才可以最大限度地得到改善。

例如，南水北调、大棚种植、北煤南运等这些措施都是我国在促进区域经济发展平衡过程中进行的尝试。在循环经济模式的推广过程中，自然因素与经济发展有着密切的联系。我国地大物博、幅员辽阔，各类资源非常丰富，但山地多，平原、耕地与林地所占比例小，因此在区域经济发展过程中，各地需要以各自的自然生态环境为基础构建适合自己的发展模式。例如，南方地区可以加强一些新资源新创新的应用，北方地区可以按照循环经济发展模式，立足于基础条件，运用科技提升来探求自然资源与循环经济之间的有效融合。

2.以经济模式为核心

发展循环经济的重要核心在于能否建立起适合区域经济发展的经济模式，在经济模式构建过程中，地方的文化、地方的观念意识都是重要的因素。我国在不同区域的社会生活中都会形成各具特色的民俗文化，人们对经济发展模式的概念有不同的理解，各地方的生活特性、生产特征及人们的观念都会影响人们的经济发展思路。发展循环经济要充分遵循地域文化的规律，结合地域发展的实际情况，建立起符合地域条件的发展模式，只有这样才能真正适应循环经济的发展要求。

3.以技术引领为目标

科学技术是第一生产力，区域经济发展必须坚持以技术引领为目标。在推动循环经济发展的过程中，区域经济发展水平和科技经济发展水平直接关系到循环经济发展的状态。发达地区、不发达地区的工业和农业水平都有着严重的差异，这就要求区域经济在发展过程中必须构建技术性的企业，让区域经济发展能够真正实现技术引领。企业需要加快实现高新技术创新，如新能源技术、新企业孵化器，通过技术引领来创新经济发展的模式，真正实现效益的提升。

4.以制度管理为保障

制度是一切管理的基础，在区域经济发展过程中，循环经济需要搭建多种模式，循环经济也需要各个部门之间相互配合，那么政府的制度管理和相关政策法规就显得尤为重要。以制度管理为保障能够促进区域经济发展符合现代化要求，简政放权能够提高执政能力，提升服务能力，强化市场经济的服务技术水平。

（五）循环经济发展现状及特点

循环经济一般可以分为四个不同层次：一是企业内部的生态循环经济集成模式（杜邦模式）；二是产业区域内的生态经济工业园集成模式（工业园模式）；三是社会经济层面上的循环回收再综合利用规模体系（回收再利用体系）；四是企业社会底层循环经济综合体（循环型社会模式）。

在构筑静脉循环产业链的过程中，应突出推进废弃物的生态资源化高效综合利用，努力降低综合利用过程中的成本，循环经济不是单纯的企业经济效益问题，也不是单纯的科学技术应用问题和环保管理问题，而是综合考虑经济发展、科学技术和环境保护的一个综合性系统工程，没有一定经济效益的生态循环经济模式是难以长久持续的。经济效益是物质与非能量及其他废弃物循环利用的基本边界条件，也是企业采用生态循环经济发展模式的根本出发点。

二、循环经济模式在县域经济发展中的应用策略

（一）创新循环经济的相关政策

在发展县域循环经济的过程中，各地政府不仅要根据地方经济发展的实际情况进行考量，更要创新循环经济的多种理念。高科技发展是创新意识、法律

意识、道德意识的集合，科学规划合理布局至关重要，因此各地政府应根据区域经济的发展规划和体系结构环节及区位等进行合理布局，坚持区域经济平衡发展的原则，促进根本利益与局部利益同向发展，实现经济效益、生态效益及社会效益的相互统一。

在可持续发展战略的实施过程中，各地政府应注重经济增长对环境保护的促进作用，保证经济增长稳中有进，如利用行政手段干预，运用法律、经济、技术等手段控制，必要时进行模式改革。经济社会文化体系平衡发展需要优化建设模式，开发重点项目，根据不同的经济发展模式进行具体策略的实施，同时在发展中还需要进行专业化的教育，培养一支庞大的科技人才队伍，运用人才来引领区域经济发展。在实践中，要深化教育改革，加大关键项目的扶持力度，建设企业孵化器，建立和完善人才使用评价体系，实施分配交流机制，使技术能够引导市场变化，构建阶梯式的发展模式，支持产业创新，建立良好的发展环境。

（二）做好循环经济发展的多方监管

各地政府在采用循环经济模式发展县域经济时，不仅需要从多方面进行制度建设，更需要提高监管服务水平。经济发展与环境保护之间不仅需要构建起绿色发展战略体系，特别是面对一些不利局面时，更需要根据具体情况及时调整指导、监督、推进和服务的方向，加强对循环经济的宏观指导和对重点领域的专项规划，建立环保法律法规体系与政策体系。

（三）正确认知循环经济发展理论

各地政府在采用循环经济模式发展县域经济时，首要的基础性工作就是要正确认识循环经济发展理论，明确循环经济对区域经济发展的重要作用。循环经济在区域经济发展中可以充分利用资源和经济模式构建出技术发展的空间，真正使区域经济发展立足于当地的实际情况。循环经济促进了资源和经济发展之间的高度融合，使地方经济相互适应、相互促进、相互协调，使区域经济发展走向生态型发展的道路。

在未来的经济发展过程中，区域经济要想真正立足于本地区的实际情况，就必须运用多种管理方式强化地区资源优势，突出资源和经济建设之间的协调发展，做好资源节约、环境保护、人与自然和谐统一，并将这些理论贯彻到具体的实践中。各个执行部门应当充分认识发展循环经济的重要意义和精神实质，大力弘扬循环经济发展理念，让循环经济发展理念深入人心。

(四) 确保资源开发与环境保护协调发展

在资源开发过程中，需要构建资源开发与环境保护协调发展的模式，正确处理资源开发与环境保护二者之间的关系。资源开发需要考虑对环境的破坏程度，而环境保护也要注重资源开发能否维持经济快速向前发展。在生态文明时代，既要强调资源环境的价值，又要明确生态价值与生产力价值之间的关系。在区域经济发展过程中，要注重实施可持续发展战略。例如，国土规划、空间格局开发要按照环境保护的要求进行操作，同时环境保护的相关策略也要充分考虑资源应用方面的动态特征，强调资源开发的生态功能，坚持生态环境优先，推进节约型和环境友好型社会建设。

第三节　县域经济可持续发展的战略选择

一、县域经济可持续发展的路径选择

(一) 转变经济发展方式

1.完善相应的政策法规

要想从根本上达到经济发展模式的转变，就必须借助相应的政策和法规。首先，国家应建立鼓励和补助政策，如退耕还林、退耕还牧等，要给予县域一定的补助。对于生产清洁能源产品的厂家，应该对其减免税收，以促进县域企业的转型升级，从而推动县域经济向高质量发展。其次，国家必须加大环境治理力度，着力解决县域突出的环境问题。

党的十九大报告明确提出，要加快水污染防治，实施流域环境和近岸海域综合治理，同时要强化土壤污染管控和修复，加强农业面源污染防治，开展农村人居环境整治行动。

2.加大新能源的开发力度

在社会各界高度重视下，我国在新能源技术中也取得了长足发展，如环保吸管、纸杯等再生产品代替了原有的塑料制品、无轨电车代替了一部分公共汽车等。

3.注重循环经济的发展

改革开放以来，我国的经济主要依靠煤炭、石油等能源来进行发展，体现为粗放型经济发展模式，对生态的破坏不容小觑。因此，必须尽快摆脱以这种经济发展模式为主要发展手段的局面，对县域地区的经济发展模式进行转变，努力使其转变成为绿色经济发展模式。

（二）加快绿色科技的创新发展

当前，县域经济发展正面临一系列现实问题，比过去任何时候都更加需要科学技术的正向引导。

1.强化国家战略力量

"十三五"规划建议提出，要强化企业创新主体地位和主导作用，而在"十四五"规划建议中，企业主导变成了国家主导。发生这种变化的主要原因是，我国当前在很多高科技领域都面临"卡脖子"的问题，要想解决这一问题，就必须在关键领域加大科技项目投入，而解决"卡脖子"问题的科技项目往往都是大项目，其耗时长、资金需求大，普通企业难以承受这样的研发周期。此外，大型科技项目往往涉及部门较多，需要进行全方位的协调，很多难以攻破的领域都是基础研究方面，只有国家才具有统筹、协调各方的能力。

2.强化企业创新主体地位

国家主导科技创新的核心领域，但依然要充分发挥企业的主体作用。企业先天的逐利属性迫使企业在产品研发领域具有更大的效率。同时我们也要承认，我国很多企业在科技领域仍然是领头羊，比如百度的智能驾驶、阿里巴巴的云计算等，还有很多技术是国家立项很多年仍然进展不大，但企业却做成功的，比如华为的海思芯片等。

强化企业的主体作用，首先要通过改革来推动企业提高对国家科技计划、科技重大专项的决策参与度，尤其是一些与民生发展息息相关的项目，要充分利用企业对市场的敏感度来推动项目的实施。其次要充分利用财税、金融等政策手段，对企业的创新活动给予支持。鼓励金融机构在风险可控的前提下，给予科技创新企业融资支持。

3.要实现对技术的理性约束

我们在利用科技追求经济增长的同时，还应该考虑经济与人、自然、社会的协调发展。

科学技术的应用具有两面性，消极影响和积极影响共存。面对当前科学技术发展与生态环境之间矛盾的激化,我们有必要制定一种尺度来规范科学技术的应用。科学技术在研发、应用的各个阶段,都会受到不同因素的影响。科学技术应用究竟是造福人类还是带来生态灾难,关键取决于利用科学技术的主体。我们寻求规范应用科学技术的尺度,从本质上来说就是对应用的主体进行行为规范。目前的科学技术大多应用于军事、政治和经济发展中,在其应用过程中会带来一定的生态破坏。因此,我们在使用科学技术的同时,还应该加入对生态环境、资源浪费情况的分析,即我们应该站在更加理性的角度进行技术研发与应用,以便有效地规避技术产生的负面影响。

4.高度重视绿色技术创新及应用的重要作用

绿色技术是绿色经济的重要支撑,因此必须加强对绿色技术的创新和应用。我们可以将绿色技术创新划分为绿色工艺创新、绿色产品创新以及绿色意识创新。绿色工艺创新包括清洁工艺技术的创新、治理技术的研发等。绿色产品创新主要是指开发利用各种节能材料,减少原材料的使用,并且这些节能材料要利于回收。市场上流行的纸杯、纸袋就体现了绿色产品的创新。绿色意识创新是对企业、公民的创新意识的培养,如对绿色消费意识的培养。

绿色技术的应用,既可以使企业推行更为生态、健康的生产方式,又可以促进原材料的循环利用,减轻废弃物排放压力,进而达到国家所提倡的生产标准。

(三)制定科学合理的绿色消费模式

要想制定科学合理的绿色消费模式,就要从以下几方面入手。

1.建立政府主导型的生态消费模式

政府应强化消费者的环境责任意识,积极引导消费者形成绿色的消费习惯。

首先,要明确政府在绿色消费中的责任和义务。我国政府出台了一系列绿色消费政策,如"限塑令"通过对一次性塑料袋实行收费,大量减少了白色污染。政府要借助"看不见的手",抑制不合理的消费行为,如通过建立环境征收补偿制度以限制对稀缺资源的开发与利用。

其次,要加大对绿色产品的扶持力度。绿色产品的生产成本相对较高,政府应对这些产品的生产原材料给予价格上的优惠,供应商由此可得到价格上的优惠,这会进一步促进绿色产品的研发和绿色产业规模的扩大,有利于更多的生产商从事绿色、节能生产。因此,政府的优惠扶持在促进绿色产业发展的同时,也为绿色消费营造了良好的环境。

2.加强绿色消费的文化基础

我们应充分发挥文化教育在消费活动中的积极作用，使消费者形成绿色消费观。

（1）政府应加大对文化教育的投入

在传统经济体制下，我国国民的文化教育水平一直偏低，国民素质普遍低下。近年来，我国注重文化教育，在各个领域加大了对文化教育资金、设备、技术的投入，国民文化素质逐渐提高，并取得了良好的效果。在探索绿色经济发展、建设绿色消费模式的今天，政府更应该加强对文化教育的重视。政府可以通过文化传输的方式促进人们生态意识、生态理念的普及，以提高人们的生态环保意识，促进绿色消费观念的形成。

（2）扩大文化教育场所，深化文化教育知识

目前，我国的文化教育基本都是在学校内进行的，并且主要是对基础知识进行学习。首先，应该对学校内的文化知识进行调整和深化，使其随着社会的发展而具有时代特性，同时应将生态教育的内容纳入文化教育体系之中，从而为公民生态意识的培养提供知识基础。其次，应该让文化教育"走出去"，使其不拘泥于设定的文化教育场所，走进公民的现实生活中，不搞形式主义，从思想上对公民进行绿色消费的传输。

3.利用媒介宣传绿色消费理念

一方面，在社区、学校等公共场所宣传生态环保的相关知识，给公众普及循环利用的生活技巧，提倡勤俭节约。比如，很多商家推出了小盘菜、半份菜等业务，商家可以通过这样的形式节约食材，顾客也能做到不浪费，让节俭和绿色消费成为一种习惯。

另一方面，借助媒体宣传，营造良好生态消费氛围。新闻媒体和政府部门应当联合起来，借助公共平台，通过公益广告、纪实纪录片等形式，系统广泛地宣传生态消费理念，增强民众对环境保护行为的认同感。

（四）完善绿色经济发展体制机制

1.要不断健全绿色法律体系

2009年1月，《中华人民共和国循环经济促进法》正式实施，这一法律的制定和实施有利于促进我国循环经济的发展。2010年4月，新修订的《中华人民共和国可再生能源法》明确了我国将设立可再生能源发展基金，为可再生能源的发展构筑"绿色通道"。这体现出我国在绿色法律体系上不断进行完

善和发展,并取得了很大成效。但随着时间的推移,许多法律规定已经滞后,同时还存在着众多的法律空白。对此,政府应大力推进立法进程,修改和完善现有绿色法律体系,从多方面为绿色经济发展制定相关政策,以达到为绿色经济发展铺路的目的。

2.要健全环境执法制度

政府应加大对环境污染者的处罚力度和处罚成本,应严格执行相关法律政策,并禁止阻碍绿色经济发展的相关制度的执行,促使环境执法制度逐步走向完善。

另外,相关规章制度的实施和执行应当是透明的,执法者应该严格按照规章制度办事,相关制度也应该对公众进行有效普及,使公民和社会能够进行合理有效的监督。

3.要构建和健全生态补偿机制和奖惩机制

在社会发展当中,生态环境经常会受到一些企业、个人的破坏,因此,政府必须建立奖惩制度、补偿制度,来惩罚违法主体,并且对严格奉行这一机制的人们给予一定的经济奖励,支持他们继续运作下去。建立补偿机制和奖励机制,不仅有利于促进我国绿色经济的发展,还有利于为进一步建设中国特色社会主义生态文明提供完善的法治环境。

4.要建立专业环境保护机构和完善监管制度

政府要组建专门的机构和部门,形成优秀的组织和队伍,从而加强对绿色经济相关法律法规的贯彻和落实。专业环境保护机构的建立可以打破环境保护机构的局限性,使环境保护机构发挥出系统、全方位的作用。同时,政府还要完善对企业绿色发展的监管制度。在政府及社会各部门推进绿色发展的进程中,企业所发挥的作用占据着一定席位。我国多重相关法律的颁布都为新能源企业和产业开辟了道路。企业在受益的过程中,应该严格遵守各项规章制度。政府可采取技术手段,做到远程监管,并定期进行考察,使企业形成自觉性。

在绿色经济发展中,只有市场机制与制度建设共同作用,才能真正促进我国绿色经济向前迈进。

二、县域经济可持续发展的技术选择

要加强县域数字经济发展的顶层设计,以促进数字企业的技术创新、业态创新和模式创新为重点,发挥超大规模市场优势,不断扩大数字技术应用场景,尤其要在产业互联网主导的"下半场"中取得主动,实现消费互联网和产业互联网双轮驱动的发展格局。要发挥跨境电商平台在贸易创新发展中的作用，打通国内外两个市场，实现两个循环相互促进。

同时，要建设分工协作的区域数字经济体系，探索彰显特色优势的发展路径，推进产业链供应链协同发展，结合县域发展战略打造数字经济高地。要加强数字经济国际合作，为我国数字企业的国际化发展营造良好环境。

（一）以突破关键技术瓶颈为重点提升技术创新能力

1.实施数字经济人才计划

一方面，要大力吸引海外创新型领军人才，鼓励各地政府加大力度吸引留学人员、海外华人华侨回国创新创业，吸引各国高精尖人才来华工作，如通过实施人才计划，在住房安置、子女上学、户籍、出入境便利等方面加大政策支持，为他们安居乐业创造良好的条件。同时，要将人才引进与事业发展有机结合，使人才不仅引得来，更要留得住，要让他们创新有空间、创业有平台、发展有天地，以期造就一批站在世界科技前沿的海外领军人才队伍。

另一方面，要积极增加高等院校、职业学院等专业学科设置，扩大招生规模，同时要发挥社会培训机构、龙头企业的力量，大力开展职业培训、岗位培训，加快摆脱新一代信息技术人才短缺的困境。

2.加强开放创新合作

一是要构建有活力、有创新力的开放创新制度环境，强化国际技术交流与研发合作。二是要积极探索与欧盟、日本、英国、美国等发达经济体的技术合作新机制，以产业链、供应链为依托布局创新链，构建互利共赢的开放创新合作体系，从引进—模仿—学习的单向传统模式，向共创、共享、共赢的双向交互创新模式转变。三是鼓励华为等企业开放底层技术，支持数字技术开源社区等创新联合体发展，鼓励企业开放软件源代码、硬件设计和应用服务。

（二）发挥跨境电商平台在数字化新外贸中的作用

1.推动跨境电商转型升级和创新发展

跨境电商是贸易数字化的重要推动力量和畅通"双循环"的重要载体。要鼓励电商不断创新数字技术应用、创新商业模式和服务模式，引导跨境电商由单一的商品贸易向"货物贸易＋服务贸易"的新一代全链路跨境电商模式转型升级。尤其要发挥超大规模平台的综合服务功能和创新引领作用，支持跨境电商平台构建网络化、数字化、智能化的国际供应链体系,建设国际物流枢纽,完善国际物流网络体系,为我国企业海外发展提供物流供应链服务。

2.以制度型开放促进跨境电商可持续发展

要将跨境电商平台的规则、规制、管理、标准等制度创新作为跨境电商综合试验区、自贸试验区、自由贸易港等开放平台推动制度型开放的重要内容,要加强与高标准国际规则对接,促进区域全面经济伙伴关系协定(RCEP)加快实施,同时,要为我国加入全面与进步跨太平洋伙伴关系协定(CPTPP)的相关规则标准对接做好准备。

第六章　县域经济可持续发展的实证分析
——以河南省为例

县域经济是国民经济的基础和重要组成部分，发展县域经济是推动我国区域经济协调发展的重要途径。河南省是一个人口大省和农业大省，县域经济是该省经济最主要的增长点。本章分为河南省县域经济的发展历程、河南省县域经济可持续发展模式、河南省县域经济可持续发展现状、河南省县域经济存在的问题与对策四个部分。主要包括河南省县域经济发展的初始阶段、快速发展阶段、全面推进阶段和高质量发展阶段，河南省县域经济可持续发展的四种模式，河南省县域经济发展现状，河南省县域经济多功能可持续发展现状，河南省县域经济发展中存在的问题等内容。

第一节　河南省县域经济的发展历程

一、初始阶段（1978—1992年）

党的十一届三中全会后，我国农村实行了家庭联产承包责任制，极大地解放和发展了农村生产力。20世纪80年代初，河南省提出开发"地下地上"两类资源（矿藏资源和农业）的发展战略。这两类资源主要集中在农村地区，地下资源的开发使一些资源丰富的县率先脱贫致富。针对山区和平原低洼易涝区等贫困县区的特殊情况，河南省委、省政府于1985年发布了《关于帮助山区和贫困地区尽快改变面貌的决定》，并出台了减免农业税、鼓励承包荒山等政策，收效良好。1992年，河南省选定省内综合实力较强的18个县作为县域经济发展的试点，在这些县域中给予特殊的经济发展政策并进行改革，为河南省以后的县域经济发展指明了方向。

二、快速发展阶段（1993—2003年）

邓小平南方谈话公开发表后，河南省县域经济进入快速发展阶段。1993年，河南省对巩义、偃师、禹州等18个县（市）进行扩权试点，出台了一系列特别政策，包括扩大县级审批权、稳定一把手任职期限、县委书记和县长归省委组织部管理、县项目直接报省里审批等。这次改革被形象地称为"十八罗汉闹中原"，极大地调动了县域经济发展的积极性。1994年，巩义市实现工农业总产值110亿元，成为我国中西部地区首个产值突破百亿元大关的县（市）。1996年，河南省委、省政府又提出"抓两头，带中间"的发展思路，即一手抓18个综合改革试点县（市），一手抓34个贫困县，分类指导，积极开展创建小康乡、小康县活动，大力推动县域经济发展，为县域经济此后的大发展积累了宝贵的经验。

三、全面推进阶段（2004—2012年）

党的十六大提出"壮大县域经济"的发展战略后，河南省的县域经济也进入全面推进阶段。在此期间，为进一步加大扩权力度，河南省委、省政府于2004年、2006年、2008年连续三次召开发展壮大县域经济工作会议。2004年，河南省委、省政府召开首次发展壮大县域经济工作会议，确定巩义、项城、永城、固始、邓州为"区域性中心城市"，赋予这些县（市）地级市经济管理权限和部分社会管理权限；选择30个基础条件好、经济实力强、发展速度快的县（市），赋予其省辖市经济管理权限。2006年，河南省委、省政府召开第二次全省县域经济工作会议，赋予栾川、通许、汝阳、郏县等11个发展较快的县省辖市经济管理权限，并出台一系列扶持后进县政策。2011年，河南省委、省政府又确立10个县（市）为省直管县体制改革试点。2012年，河南省全省县域GDP达2.05万亿元，占全省GDP的比重为69.4%，并涌现一批在全国有竞争力的经济强县。

四、高质量发展阶段（2013年至今）

党的十八大以来，以习近平同志为核心的党中央审时度势，精准研判我国所处的发展阶段，提出我国经济发展处于新常态的重要论断，大力推动供给侧结构性改革。特别是党的十九大报告明确判断我国经济已由高速增长阶段转向高质量发展阶段，报告提出，要推动经济发展质量变革、效率变革、动力变革。因此，高质量发展也成为现阶段河南省县域经济发展的核心内容。

近年来，河南省坚持以习近平新时代中国特色社会主义思想为指导，坚持稳中求进的工作总基调，遵循"创新、协调、绿色、开放、共享"的新发展理念，以提高发展质量和效益为中心，协同推进新型工业化、城镇化、信息化、农业现代化和绿色化，着力打好"四张牌"，为全省经济高质量发展提供了有力支撑。

第二节　河南省县域经济可持续发展模式

一、农业现代化型

根据河南省的具体情况可知，拉动其县域经济必须以第一产业（农业）为主力。在推进农业发展时，必定面临着旧的发展道路与新时代高效率、高需求的矛盾，所以要及时推动农业现代化，以此推动县域经济的发展。要想将传统农业蜕变为农业产业，就要将传统农业与现如今的市场经济有机融合起来，必须把最先进可靠的经营理念和生产工艺等贯彻落实到各县域，从根本上走农业现代化道路。

为促进农业多元发展，鼓励其发挥自身独特的天然优势，应加强农业主导产业的支撑作用，大力发展以种植畜牧为主的农业、以乡村农产品加工或简单手工业加工为主的村庄工业、以农业观光旅游等为主的村庄商旅业。

①加强农户生产技术培训，增加农业主导型村庄集体收入。对于村庄内有限的农业劳动力，应做到控制数量，提高质量，优化发展，发挥作用。政府应增加对相关区域的农业设施、农业技术培训、农业新兴技术等农业固定投资，以农业专家下乡、开展专业农业知识讲座、开设农家书屋、开展线上线下农业知识大讲堂等方式增加对农业劳动力的技术培训，增加其对农业生产、灌溉、除虫、收割、增收等新技术的了解，使有限的农业劳动力发挥最大的作用，促进农村的农业发展与经济发展。对于多年在外务工的技术性人员，应鼓励其返乡创业，拓展农村就业，发展乡村经济。

②推进工业主导与商业主导等非农主导型村庄的产品输出，加快其就地工业化进程。要想富，先修路，农村交通建设是城镇化的基础性条件，完善的交通路网既可以加强农村与城镇之间的联系，又可以加快农村信息传播和对外交流。完善的交通路网不仅有利于改善因物流成本高而导致的农产品滞销情况，

还有利于推广"农产品+大同城"的寄递服务模式，加快工业型或商业型村庄产品的销售，增加农民的收入，加快非农主导型村庄的就地工业化进程。

③打造农业合作社企业，促进农产品种植、就地加工、线上线下销售一体化。区域内企业多为非农加工企业，为增加农产品的加工与销售，可以打造农业合作社企业，发展农产品加工业，充分发挥微博、微信、短视频等新型电子媒介的线上功能与对接超市等线下实体来促进销售一体化。对花卉农业、药材农业、食品农业等特色农业可以进行专业技术培训，引进先进食品加工设备与技术。在农业产品方面，应侧重生产无公害产品、绿色食品、有机农产品和地理标志农村产品的"三品一标"产品，以农业合作社促进农产品的出售、促进村庄中剩余劳动力实现就业、促进村庄非农产业的发展，进而促进农村经济的整体发展。

二、地区特色经济型

据历史来看，任何模仿的道路都不能达到最终的成功。发展县域经济也是这样，初期可以进行相应程度的模仿和学习，但是必须要有自己的特点，才能够获得质的飞跃和成长。河南省的农业发展是基层政府拉动地域经济增长的坚实基础，具有一定的竞争优势。城市要想显化自身潜在优势，必须大力研究当地所属资源，分析特色营销渠道，有效利用当地资源，降低机会成本，加强农产品利用，避免资源浪费。相关工作人员应首先了解县域内部的传统和习俗，分析地区具有的独特优势和禀赋要素，比如大自然赋予当地的自然资源、土地孕育出的人才和劳动力等，将这些要素与相应企业或集团结合，创造出具有竞争力的特色产品；然后再将单一产品与现代化经济结合，利用地域和其他各方面优势形成相应的特色主导产业，进而衍生出具有竞争优势可以快速获取市场的行业或部门；最后通过相应渠道向外界推广本地特色产品，形成地区独特经济增长点，获得该地域经济增长竞争优势。

三、开放经济推动型

"一带一路"建设给河南省带来了机遇，如将河南省各县域打造为中原内部的城市群，以郑州为中心引领中原城市群发展，构筑平原开放型经济聚集中心。具有明显地域优势的荥阳市，由于跟郑州距离很近，可以搭上郑州的便车，融入"一带一路"建设。荥阳市环境良好，具有独特的自然资源，建设了一系列河流、生态、林业和公园等项目。荥阳市积极和外界联系，举办各种洽谈活动，吸引外界企业投资，优化市内产业结构，并且通过开放经济，促进了市内农业和科技的发展，提高了自身经济实力。

四、企业集群型

在河南省内县城区域聚集着大量的企业，应结合当地特色产品，鼓励民营企业，形成产业集群，或者建设产业集聚区，以此形成具有自身特色的"块状经济"。偃师市作为河南省内的次中心城市，不仅有发展历史悠久、种类繁多和发展快速的民营产业，还有发展态势良好的传统产业，更有紧跟时代的三轮车新能源车、新能源和新材料三大主导产业。偃师市紧跟国家的发展理念，战略定位准确，在城市内部经济发展良好的背景下，计划吸引更有实力的龙头企业，以形成更大的企业集群。

第三节 河南省县域经济可持续发展现状

一、河南省县域经济发展现状

位于中原大地的河南省坐拥100多个县（市），县域经济实力在全省经济发展中占有十分重要的地位。2014年，习近平总书记在调研指导兰考县党的群众路线教育实践活动时，提出了县域治理"三起来"的重大要求——把强县和富民统一起来，把改革和发展结合起来，把城镇和乡村贯通起来。在"三起来"重大要求的指导下，河南省县域经济持续发展，取得了不错的成果。2019年，河南省县域经济总量约占全省的三分之二，县域经济作为"压舱石"和"推动器"，发挥着越来越重要的作用。

河南省县域经济与发达地区相比，仍有较大差距。在2020年全国县域经济综合竞争力100强名单中，河南仅有7个县（市）上榜，与2019年相比减少一个名额，最高名次为新郑市的第52位。在县域经济综合竞争力100强名单中，河南省无论是上榜数量还是上榜位次，都跟全国第五大强省这一身份不相匹配，河南省的县域经济还有很大的提升空间。同时，河南省县域经济中发展过程中存在着一系列亟须解决的问题，这些问题也需要借助可持续发展战略实施的东风来进行破解。

（一）因地制宜发展特色主导产业

一是巩固县域特色产业，与县域比较优势相对接。因地制宜，立足本地资源，聚焦优势产业，将县域的资源优势、区位优势、要素优势通过比较优势和特色优势结合起来发展，延长特色产业的产业链，为特色产业的品牌提升产品附加值、品牌附加值和综合竞争优势。将特色产业变为主导产业，提升整个特色产业链的优势，以特色主导产业带动县域经济整体发展。河南睢县就是壮大特色主导产业的优秀例子。睢县抓住闽粤制鞋产业西移、温州台州转型升级等机遇，以"中原鞋都"为目标，培育壮大了制鞋这一主导产业。

二是完善功能定位，找准产业发展方向。因地制宜，厘清县域经济发展所能依靠的资源优势、区位优势和产业优势，找准定位，宜农则农、宜工则工、宜游则游，确定优势产业。农业大县要在保障农产品供给的基础之上，发展特色农业，延长农业产业链，增加农产品品牌价值，提升农产品附加值；工业强县要立足资源优势，发展产业集群，并从科技创新、管理创新等方面入手，不断探索新路径；旅游大县要合理结合县域的自然旅游资源和红色旅游资源，将旅游品牌打响打亮。

三是以特色产业为基础，优化人力资源配置。河南省县域人口众多，特色产业的发展也应该立足县域人力资源结构进行考量。无论是发展标准化特色农业，还是引入沿海地区转移的劳动密集型工业，抑或是立足县域资源开发的旅游业，都能很好地吸纳农村富余的劳动力，引导传统劳动力进入县域特色产业链，共同将县域特色和比较优势转化为现实的经济增长点，也可以帮助农村劳动力在乡村振兴战略的实施过程中实现脱贫致富。

（二）引领县域示范发展

在第十一届中原智库论坛上，与会代表结合县域实践探索，分享了县域经济高质量发展的经验与做法。无论是兰考县的脱贫攻坚和县域治理模式，还是修武县的美学经济模式、淅川县的绿色发展模式，优秀实践的县域经过探索，纷纷交出了出彩的答卷，也为全省县域探索高质量发展道路提供了有益的借鉴和参考。因此，在整体推进河南省县域经济发展时，可以选取一些经济发展水平较高、特色产业发展效果比较显著的县域作为样板，积极发挥样板县域的模范带头作用。全省各县（市）均可以在样板县域发展模式的指导下，结合本县域实际情况，探索更加有效和现实的发展道路。同时，样板县域要继续高标准推进实施乡村振兴战略，持续走在前列，承担起破局开题的责任，将县域的特色主导产业、完备的基础设施和完善的城乡公共服务作为标配，打造可以推广、借鉴、复制的典型模式，最终在不断高质量发展本县域经济的基础上，带动其他县域加快实施乡村振兴战略的步伐。基于此，河南省可以从2019年全国县域经济综合竞争力100强名单中上榜的县域入手，总结经验，打造样板，为河南省"十四五"开局打好基础。

（三）推进城乡融合发展

"三起来"重大要求指出，要以强县富民为主线，以改革发展为动力，以城乡贯通为路径。这要求我们要以县域为基础对乡村振兴进行总体规划和布局，推动城乡融合发展。

一是要从县域角度出发，优化土地的利用结构。这不仅包括促进农村土地向新型经营主体流动，工业企业向工业园区转移，实现规模效益，也包括政府对建设用地进行合理规划，引导农村富余劳动力向城镇转移。县域城镇要充当好中心城市向农村扩散经济和技术的桥梁，引进中心城市的转移、外溢产业，同时要发挥好自己维系农村向城市集聚的纽带作用，充分发挥好以城带乡、以工促农的作用，推进城乡融合发展。

二是要立足村级集体经济实际，强化村级集体经济的支撑作用。在政治上，要加强中国共产党的领导，以党建为推手、引领包括龙头企业、农民专业合作社种养大户在内的新型经营主体发展探索"党支部+龙头企业+基地+村民""党支部+专业合作社+基地+村民"等产业发展模式，培育农业产业化联合体，壮大村级集体经济，让广大村民在乡村振兴战略实施的进程中，与本村、本县域的特色产业链紧密联结。在经济上，要积极发挥河南省农业大省的优势，完善农产品区域布局规划，大力推进农产品品牌化建设，以新型经营主体带动村级集体经济发展。要发展农产品精深加工，延长特色农产品的产业链，增加农产品品牌的附加值和影响力。要积极打造农产品区域公用品牌，鼓励龙头企业等新型经营主体进行"三品一标"认证，以建立规模化、专业化、标准化、特色化的农业示范园、田园综合体为目标，带动乡村农业踏上产业化、规模化的道路，同时也要提升农民的职业化水平和个人综合素质，为促进城乡融合埋下人力资源的种子。

（四）抢抓县域经济发展新机遇

开放创新要求河南省县域经济发展要严格贯彻落实新发展理念，以创新为第一动力，把开放作为活力之源。

一是要依靠政府吃透国家政策，积极对标国家重大战略。这要求河南省各县域要结合自身实际，在国家促进中部地区崛起、推动黄河流域生态保护和高质量发展等大浪潮中，抢抓县域经济发展的机遇，从而抢占先机，拔得头筹。

二是要实施县域经济开放驱动战略。一方面,"开放"是指抢抓区域产业转移的战略机遇,大力吸纳沿海发达地区转移或溢出的劳动密集型产业,发挥人口大省、人口大县的优势,提升县域经济对农村劳动力的吸纳水平;另一方面,"开放"是指要积极跟省内、省外、域外经济对接,将县域特色主导产业通过展会等形式推向国内国际市场,让产业特色实实在在地转化为经济效益与市场影响力。另外,"开放"还指要积极招才引智,不仅要为特色主导产业引进优秀的管理人才、技术人才,也要为农业产业招揽实用性人才,同时,要提供政策优惠,吸引优秀的河南籍企业家、技术人才、大学生和务工人员回乡创业,让他们在县域第一、第二、第三产业中创造新的价值,并带动本县域劳动力共同进步。

三是要实施县域经济创新驱动战略。创新驱动不仅体现在科技创新驱动上,也体现在管理创新驱动上。要围绕特色主导产业,对接河南省内高等院校和科研机构,在县域内设立产学研合作基地等,发挥科技创新在县域经济发展中的推动作用。在管理创新上,要充分借助引进人才和返乡人才的管理智慧,推动县域内产业的优化升级。

河南省县域经济的飞速发展,为全省经济发展做出了突出贡献,使河南省从一个人口多、底子薄、起点低的内陆农业大省一跃成为工业和经济大省。不仅如此,河南省县域经济的快速发展还为农民提供了稳定的非农收入来源,有效地推动了农业现代化和带动了农民收入的提高,避免了城乡差距的过分拉大,走出了一条工农业协调发展、城乡协调发展的新路子,为中国县域经济发展提供了"河南样本"。河南省在推进县域经济发展的过程中,积累了宝贵的经验,也为下一阶段的发展打下了良好基础。县域是深入实施乡村振兴战略的主战场,加快发展壮大县域经济是推动河南省乡村振兴和实现中原崛起的重要抓手。在新的历史时期,要将县域经济高质量发展与实施乡村振兴战略有机衔接起来,深入践行习近平总书记提出的县域治理"三起来"重大要求,全面增强县域经济活力,持续推动县域经济特色化发展,坚定不移地走转型升级、特色发展、绿色发展、融合发展之路,积极探索和走出一条富有河南特色的县域经济高质量发展道路。

二、河南省县域经济多功能可持续发展现状

(一)均衡发展型县域

从区域发展背景来看,均衡发展型县域的道路密度不是很高,交通条件有

待进一步改善；城镇化水平居中、工业化水平偏低；县域第二、第三产业产值所占比重较高，然而经济发展水平略低于各类型县域的平均水平，县域经济对乡村发展的带动作用仍需加强。中牟县隶属省会郑州市，伊川县和安阳县分别紧邻洛阳和安阳市辖区，这些县域占据政策和区位上的优势，政府对其投资力度加大是均衡发展型县域的全社会固定资产投资额平均值远高于其他类型县域的直接原因，其他类型县域还需进一步加大资金投入力度以支持乡村发展。

均衡发展型县域在空间上比较分散，主要位于豫北、豫西和豫南地区，包括安阳县、卫辉市、修武县、陕州区（三门峡市）、宜阳县、伊川县、汝州市、镇平县、方城县、舞钢市和中牟县11个县市区。均衡发展型县域缺乏突出的优势功能，综合发展水平较低。具体来看，均衡发展型县域的平均海拔为302.28 m，多有低山丘陵分布，垦殖指数平均为45.06%，粮食自给程度、粮食单产水平、农田生产潜力与平原农区相比有较大差距，特色农产品产业的发展相对不足，人均第一产业产值较低，仅为3975.5元，农业生产功能处于中等水平；受地形条件影响，多数县域土地利用适宜性较差，并且距中部城市群较远，乡镇企业欠发达，经济发展功能仅强于生态保育优势型县域和生态旅游并重型县域；乡村居民收入处于中等以上水平，较低的人口密度使得人均公共服务设施水平相对较高，居住生活功能居中；森林覆盖率为19.28%，农业化学品中农药的施用程度较高，达14.25 kg/m^2，生态保育功能远低于生态旅游并重型县域和生态保育优势型县域，略低于旅游休闲优势型县域；文化文物资源相对匮乏，文化传承功能较弱；旅游特色不足，加上周边旅游休闲优势型县域和生态旅游并重型县域的强烈竞争，均衡发展型县域的旅游休闲功能缺乏优势，仅高于农业生产优势型县域。

（二）农业生产优势型县域

从区域发展背景来看，农业生产优势型县域平均海拔最低（73.65 m）、人均耕地面积最大（1.78亩/人），农业生产具有显著优势，非农产业产值比重最低；人口城镇化率在各类型县域中最低，平均仅为39.22%；工业化水平也不高，工业产值所占比重的平均值为39.70%，仅高于生态保育优势型县域；道路密度低，交通条件亟待进一步改善；"产粮大县，财政穷县"现象明显，人均生产总值和人均社会消费品零售额均最低，城乡收入差距较大；全社会固定资产投资额和一般公共预算收入均最少，远低于其他类型县域。

农业生产优势型县域有53个，分布范围较广，包括新乡、商丘、周口、驻马店、信阳、漯河的大部分县域和安阳、濮阳、开封、许昌、南阳等地的部分县域，主要位于黄淮海平原和南阳盆地。该类型县域地势低平、水土光热条件组合较好，耕地资源集中连片分布，农业生产的自然地理基础较好，粮食自给率、粮食单产水平、垦殖指数及农田生产潜力在各类型县域中均最高，人均第一产业产值同样最高，为6034.61元，农业生产功能最强。农业从业人员比例偏高，非农产业发展不足，乡镇企业发展落后，经济发展功能较弱。乡村人口密度较大，公共服务设施略显不足，乡村居民收入和消费水平很低，居住生活功能也较弱。化肥、农药等农业化学品使用较多，而森林覆盖率极低，生态保育功能很弱。在该类型县域中，传统村落保留较少，文化产业特色村分布不多，受单一地形条件影响，自然风景旅游资源禀赋也较差，因而其文化传承功能和旅游休闲功能也很弱。

（三）经济发展宜居型县域

从区域发展背景来看，经济发展宜居型县域的城镇化和工业化水平在各类型县域中均最高，人口城镇化率和工业产值比重的平均值分别为50.7%和55.59%，第二、第三产业产值所占比重较高；在农业生产方面，人均耕地面积人均仅为1.1亩，而机械化程度最高；铁路、公路四通八达，道路密度最高，交通发展日新月异；人均生产总值和人均社会消费品零售额均最高，城乡收入差距最小。

经济发展宜居型县域共有14个，包括巩义、荥阳、新密、新郑、登封、偃师、沁阳、孟州、长葛9市，以及新乡、孟津、范县、台前、尉氏5县，大部分位于省会郑州市及其周边。该类型县域受河南中部城市群的扩散效应影响，乡镇企业数量众多、分布密集，乡村经济发展活力旺盛，地均乡镇工业企业产值、乡镇企业和规模以上工业企业的分布密度等经济指标远高于其他类型县域，乡镇第二、第三产业从业人员所占比重平均值达71.65%，乡村经济发展功能最强。乡村居民收入和消费水平最高，人口分布密集，居住生活功能同样最强。在农业生产方面，人均第一产业产值最低，为3577.95元；粮食自给率较低，粮食单产水平、垦殖指数和农田生产潜力等指标均处于中等偏上水平，农业生产功能居中。受经济条件的积极影响，农业生产的规模化、专业化程度高，农田生态系统多样性指数最低，同时森林覆盖率很低，建设用地所占比重较高，导致归一化植被指数（NDVI）最低，生态保育功能很弱。这些县市处于黄河流域，开发历史悠久，有洛阳、开封、郑州等古都分布，文化遗产较为丰富，其乡村地域的文化传承功能较强。因有嵩山山脉和较为丰富的人文旅游资源分布，经济发展宜居型县域的旅游休闲功能不是很低。

（四）生态保育优势型县域

从区域发展背景来看，生态保育优势型县域的城镇化水平较低，仅高于农业生产优势型县域；工业化水平在各类型县域中最低；道路密度同样在各类型县域中最低，交通通达度低；人均耕地面积较大，仅次于农业生产优势型县域，但因地势起伏大，水土肥极易流失，粮食单产水平不高，并且耕地破碎，农业机械化水平较难提高；乡村居民就业增收机会较少，城镇居民人均收入水平是乡村居民的2.36倍，城乡收入差距最大。因处于秦岭造山带成矿区的山丘地带，矿产资源较为丰富。灵宝市岩金矿、渑池县铝土矿、汝阳县梅花玉矿、桐柏县金银碱矿在河南省乃至全国占有重要地位，淅川县、洛宁县等地矿产资源也较丰富，形成了能源、化工、建材等产业。

生态保育优势型县域有10个，包括灵宝市、渑池县、卢氏县、洛宁县、汝阳县、淅川县、内乡县、南召县、桐柏县和商城县。该类型县域的地貌类型主要为山地、丘陵，平均海拔为552.15m，地势较高、降水较多，是河南省重点生态功能区的重要组成部分，有丹江口水库水源涵养功能区、桐柏山水源涵养功能区、伏牛山生物多样性维护功能区和大别山水土保护生态功能区，自然保护区、森林公园、地质公园等禁止开发区，覆盖面积较广，森林覆盖率平均高达50%，动植物种类繁多，生态保育功能很强，但旅游开发程度较低，旅游休闲功能处于中等水平。该类型县域有中药材、烟叶、苹果、食用菌、茶叶等特色农业，人均第一产业产值较高，为5594.55元，但农田生产潜力不足，粮食单产水平最低且垦殖指数低，粮食勉强自给，农业生产功能总体来说比较薄弱。因受地形、区位、交通等条件的综合影响，乡镇企业数量少，乡村经济的发展受到一定限制，经济发展功能很弱。乡村人口密度低，基础设施和公共服务设施相对欠缺，村民收入水平最低，居住生活功能最弱。传统文化资源较少，文化传承功能也很弱。

（五）文化传承优势型县域

从区域发展背景来看，文化传承优势型县域城镇化水平偏低，滞后于工业化水平，人口城镇化率和工业产值比重平均值分别为42.57%和46.91%；水网密度最大，农业机械化程度较高，交通也较为便利；人均生产总值和人均社会消费品零售额较低，城乡收入差距略小。

文化传承优势型县域有11个，包括郏县、宝丰县、禹州市、祥符区（开封市）、永城市、项城市、西平县、汝南县、浚县、武陟县和博爱县，整体分散、局部集中。在该类型县域中，传统村落的平均数目最多、分布密度最高，非物质文化遗产赋存最为丰富，民间文化艺术丰厚，文化产业培育较好，乡村地域的文化传承功能最强。特别是在郏县、宝丰县、禹州市及其周边，传统村落在空间上呈现凝聚分布，形成了高密度核心区，郏县、浚县、汝南县、西平县和项城市有多个民间文化艺术之乡。该类型县域内还因魔术、戏剧、狮舞、武术等表演艺术，竹编、陶艺、石雕、玉雕、旋木、木版年画、农民画、毛笔制作等手工技艺形成了众多文化产业特色村。

文化传承优势型县域多处于传统农耕区，垦殖指数平均为63.66%，粮食自给率、粮食单产水平和农田生产潜力等指标都仅次于农业生产优势型县域，农业生产功能排名第二。另外，虽然乡镇企业和规模以上乡镇工业企业的分布密度在各类型县域中位列第二，但是由于农业生产在县域经济中占据重要地位，乡镇第二、第三产业从业人员比例不是很高，地均乡镇工业企业产值与经济发展宜居型县域相比仍有较大差距，整体上经济发展功能居中。虽然乡村人文旅游资源丰富，但目前尚未得到充分合理的开发，因此旅游休闲功能在各地域类型中处于中等水平。该类型县域乡村人口密度的平均值最大，教育、医疗等公共服务设施相对不足，乡村居民收入和消费水平略低于平均值，居住生活功能总体上呈现中等以上水平。另外，该类型县域平均海拔为116.68 m，森林覆盖率平均仅为5.11%，化肥施用程度最高，生态保育功能最弱。

（六）旅游休闲优势型县域

从区域发展背景来看，旅游休闲优势型县域的城镇化和工业化水平较高，人口城镇化率和工业产值比重的平均值分别为48.67%和49.92%；第二、第三产业产值的比重较高，仅次于经济发展宜居型县域；道路密度高于生态旅游并重型县域，为旅游业发展提供了良好条件；人均生产总值和人均社会消费品零售额在各类型县域中位列第二；全社会固定资产投资额最高，但财政预算收入低于经济发展宜居型县域，经济发展效益需要进一步提升。

旅游休闲优势型县域有3个，包括林州市、辉县市和新安县，主要分布在豫西北太行山区，旅游休闲功能最强。该类型县域旅游风景区数量众多，有红旗渠、太行大峡谷、龙潭大峡谷、黛眉山、青要山、八里沟、万仙山、九莲山、回龙天界山、林虑山、宝泉、万泉湖等知名景区，开发程度高、旅游配套服务设施较完善，位于豫、晋交界处（林州市位于豫、晋、冀三省交界处），并且离省会郑州市较近，保证了充足的客源。该类型县域亦有众多乡村旅游特色村。例如，辉县市张村乡滑峪村背靠云雾山脉，依靠山下龙溪温泉（中原地区唯一的"高氡温泉"）打造温泉度假景区，并与周边庙宇、火山口遗址和赵国古长城遗址形成一定的旅游集聚效应；林州市桂林镇鹤山村通过传统技术修葺闲置老宅，对石房、石磨、石碾、石路进行保护利用，统一规划出"六朝石街"，充分利用古老山村自然风光与民俗资源发展乡村旅游业。

旅游休闲优势型县域乡村的粮食单产水平、垦殖指数和农田生产潜力都较低，仅高于生态保育优势类型县域和生态旅游并重类型县域，农业生产功能较弱。平均海拔为417.98 m，森林覆盖率在各类型县域中处于中等水平，农药和农膜的施用负荷低，生态保育功能总体上居中。地均乡镇工业企业产值位居第二，为6008.7万元/平方千米，仅次于经济发展宜居型县域，对乡村地域经济发展的贡献较大，生产生活设施配套较为完善，同时旅游业对乡村居民就业增收具有明显的拉动作用，乡村居民收入和消费水平较高，经济发展功能和居住生活功能处于中等以上水平。另外，该类型县域的文化文物资源较丰富，特别是林州市和辉县市的传统村落数量较多、保留较好，有文化产业特色村分布，文化传承功能居中。

（七）生态旅游并重型县域

从区域发展背景来看，生态旅游并重型县域的城镇化水平略高，工业化水平略低，人口城镇化率和工业产值比重平均值分别为46.04%和44.23%，工业化落后于城镇化；山区面积广大，道路密度较低，不利于旅游业发展；人均生产总值和人均社会消费品零售额在各类型县域中位列第三，城乡收入差距仍较大。

生态旅游并重型县域有6个，包括鲁山县、新县、西峡县、栾川县、嵩县和济源市，主要分布在豫西和豫南地区。这些县域分别位于伏牛山脉、大别山脉和南太行山脉，平均海拔为608.5 m，年均降水量为919.87 mm，森林覆盖率达64.56%，NDVI指数为0.6，均为各类型县域的最高值，自然风景旅游资源丰富，有白云山国家森林公园、老君山-鸡冠洞景区、尧山-中原大佛景区、老界岭-恐龙遗迹园、伏牛山滑雪度假乐园及重渡沟、龙峪湾、养子沟、抱犊寨、木扎岭、天池山、天河大峡谷、画眉谷、大别山露营公园和金兰山森林公园等众多旅游景区，生态保育功能和旅游休闲功能都很强。

在农业生产方面，生态旅游并重型县域依靠森林资源形成林特产品的专业化生产，人均第一产业产值较高，特别是西峡县形成了"菌、果、药"的专业化生产，香菇、猕猴桃、山茱萸、香菇酱均获得了国家生态原产地产品的保护认证，新县的茶叶、板栗、银杏等林产品产量较多，嵩县中药材、烟叶、食用菌的种植及银鱼的养殖已形成规模；但人均耕地面积、粮食自给率、垦殖指数和农田生产潜力均最低，粮食生产能力严重不足，需要从县域外大量调入，农业生产功能最弱。乡镇企业欠发达，经济发展功能很弱。乡村旅游等非农产业为当地居民提供了许多就业机会，再加上特色农业的经济效益相对较好，乡村居民的收入水平和消费水平均处于中等水平，但受地理环境影响该类型县域居住的适宜性较低，人口稀疏，居住生活功能较弱。另外，该类型县域的文化文物资源较少，文化传承功能也比较弱。

第四节 河南省县域经济存在的问题与对策

一、河南省县域经济发展中存在的问题

（一）农业发展问题

河南省是农业大省，农业生产条件优越，农业是河南省的一个重要支柱产业，但是河南省的农业发展也存在很多问题。

①人地关系紧张。河南省人口众多，人均耕地水平偏低，而且随着经济的快速发展、人口的不断增长，耕地也在减少，因此未来人均耕地水平可能会呈现下降趋势。

②农业产业化水平相对较低。河南省作物种类丰富，但是符合区域种植结构的产业相对较少，没有形成相对完善的农业产业链，农业产业化水平偏低，不能合理利用已有农业资源。

③农业基础设施建设相对滞后。区域地理环境、气候、土壤条件千差万别，需要建设不同水平的农业基础设施，其中农业水利设施的建设尤为重要，但整体来说，仍然是基础设施建设薄弱，抗灾减灾能力不足。

④生产成本日益增多。随着经济的快速发展，物资和能源的价格也在不断上涨，但是粮食的单价比较稳定，农民的收益在不断减少。鉴于此，未来河南省的农业发展势必要提高农业生产效率、减少能源和物资投入，同时也要减少农业温室气体的排放，为国家碳减排的整体宏观战略做出贡献。

（二）同质化问题

由于受传统思维和发展环境的制约，河南省县域经济目前仍然面临着同质化比较严重的问题。县域经济的本质是特色经济，各个县域只有依托不同的生态环境、资源禀赋和产业基础，选择最适合本县域特色的发展模式，才能在县域经济发展的道路上夺得先机。国内学者郭文斌使用因子分析和聚类分析将河南省县域划分为四种发展模式，分别为以特色农业为引领的产业融合模式、以农产品深加工为引领的产业集群模式、以乡村旅游为引领的消费带动模式和以农村电商为引领的服务带动模式，河南省县域经济的发展存在着不同的可选择的道路。目前河南省县域经济在各地的不断探索下，也呈现出了一定的发展特色，初步形成了一系列可行的发展模式，但是从全省的角度来看，仅有少数县域将自己的特色产业和比较优势转化为了现实的生产力和竞争力。河南省县域经济在整体上仍存在着产业集群不显著、特色产业不突出等问题。

（三）异质性问题

河南省县域经济总量、县域经济人均占有量的代表性指标在省域总体中的位置偏低，县域经济发展的差异性明显，空间分层性、空间集聚性同时存在，县域内部城乡差距突出，因此需要从消融县域经济发展的异质性中挖掘发展潜力。

①县域经济总量在省域总体中的地位不匹配。河南省县域经济所容纳和支撑的人口总量在省域人口总体中占比超过70%，占有主导地位。县域经济的生产总值总量、财政收入总量及社会消费品零售总额等指标，在省域总体中占有的份额并不高，存在明显的不匹配特征。

县域经济的生产总值总量在省域总体中的比重呈现逐步下降态势，县域经济规模在省域中的地位有所下滑；县域经济的公共财政收入总量在省域总体中的比重呈现逐步上升态势；县域经济的从业人员总数在省域总体中的比重呈现逐步下降态势；县域经济的社会消费品零售总额在省域总体中的比重呈现微微上升态势。

②县域经济的人均占有量指标在省域中枢水平中的方位偏低。河南省县域经济的人均国内生产总值（GDP）、人均可支配收入、人均财政收入、人均社会消费品零售额等反映人均占有量水平的典型指标，均低于省域中枢水平的平均值，这就意味着县域经济的人均发展水平总体不高、基础不实。

③县域经济存在明显的区域分层性，绝大部分县域的发展层级偏低。县域经济的区域生产总值、公共财政收入等反映各县域经济总量的指标，表现出

明显的区域分层性特征，表现突出的或特别需要加油努力的县域在数量上均不多，绝大部分县域处于中游位次。绝大部分县域的区域生产总值在100亿元至300亿元之间，绝大部分县域的公共财政收入在5亿元至20亿元之间。

④县域经济存在明显的空间集聚性，仅有极少部分县域呈现突出的发展成效。县域经济的区域生产总值、公共财政收入等反映各地经济总量的指标，表现出明显的空间集聚性特征。经济发展规模突出的县域，或者在要素集聚优势明显的省会城市的周边扎堆出现，或者突出分布在经济基础累积雄厚的省辖市外围，或者与交通和区位优势相关联，或者与资源禀赋累积而来的发展优势相联系，而且经济发展规模水平与这种区位、交通等空间优势呈现出正向关联的发展态势。

⑤县域经济存在明显的发展差异性，首位与末位悬殊。县域经济的区域生产总值、公共财政收入、居民人均可支配收入等反映各地经济发展特征的代表性指标，存在明显的差异性，这主要体现在最大值与最小值之间，亦即县域经济的首位与末位之间。

另外，各县域公共财政收入之间的差距最大，区域生产总值之间的差距次之，居民人均可支配收入之间的差距最小且相对稳定。首先，县域经济的地区生产总值存在明显的差异性，特别是首位与末位之间发展悬殊，且差距倍数存在逐步加大之忧。其次，县域经济的地区公共财政收入存在明显的差异性，特别是首位与末位之间财力悬殊，且差距倍数在逐步减小。最后，县域经济的地区居民人均可支配收入存在明显的差异性，特别是首位与末位之间收入悬殊，且差距倍数相对稳定。

（四）协调性问题

在城乡融合方面，河南省仍然有很长的道路要走。在行政区划方面，不少县域在积极开发新区，拓展城镇覆盖范围，但是效果差强人意，其对经济的拉动作用和辐射效果不显著，没有形成规模效益。由于县域经济发展涉及范围广，覆盖面大，加之对城乡的财政统筹能力比较弱，因此，河南省县域经济发展面临着发展协调性不好的问题，显著体现在县域内产业布局不均衡、产业集聚度低、产业链有待延长、产业发展和县域发展相割裂、就业吸纳不足等方面。较少的岗位提供和较低的薪资水平导致县域没有成为农民工发挥个人能力的舞台，劳动力仍向沿海城市流动。同时，在公共服务方面，设施和供给主体的单一和配制不均等问题也使得破除城乡二元结构的道路任重而道远，县域经济转型升级仍然不到位。

（五）创新发展问题

与发达省份相比，河南省县域在研究与实验发展方面的经费支出都有不小的差距，创新平台建设和创新环境营造等方面亟须做出改变和提升。创新驱动不足主要体现在劳动力素质水平不高上，县域劳动力素质水平整体偏低，乡村振兴的顺利实施和推进缺乏合适的人才，这也严重阻碍了县域经济高质量发展的进程。另外，在推进县域经济转型升级的道路上，科技对于产业转型升级、延长产业链等都有着重要的支撑作用。但是，目前河南省县域科技创新的程度比较低，县域科技创新发展缺乏资金支持、人才支持和服务体系支持，导致河南省县域经济发展普遍存在创新驱动力不足的现象。产业发展的新模式、新技术成为河南省县域经济发展在目前必须重视的要点。

二、河南省县域经济可持续发展对策

（一）河南省县域经济多功能发展优化策略

1. 总体优化目标

在长期片面追求高速城镇化的发展过程中，乡村地域的多元价值与功能未能得到充分体现。河南省是全国重要的农业和人口大省，乡村的发展是全省社会经济发展的重要支柱。为改善弱势、保持优势、提升区域整体功能，河南省乡村地域功能的提升应遵循以下基本原则。

（1）保障粮食和食品安全

我国拥有庞大的人口数量和相对短缺的耕地资源，在人口增长、消费升级、气候变化、城镇化和工业化大量侵占优质耕地的背景下，粮食安全对于社会的稳定和发展至关重要。河南省要稳固耕地面积，加强农业技术研发和应用，继续保持农业生产优势：以保障粮食和食品安全为根本，引导粮食产业升级，树立省域公共品牌，做大做强现代农业产业体系。

（2）保护生态环境

乡村与城市相比拥有广阔的自然空间，丰富的天然植被、人工作物、土壤和水域对维护区域乃至全球的生态平衡都具有重要作用。但改革开放40多年来，乡村的生态环境发生了重大变化。乡镇企业的快速发展促进了乡村居民的就业增收；乡村生活方式现代化的同时产生了大量在自然状态下难以降解的生活垃圾；为提高农产品产量，农药、化肥被过度使用，而大量未被利用的农业化学品在进入土壤、水体和大气后,对环境和农产品的质量安全造成了严重的危害。

(3) 改善生活空间

随着城镇化水平的提高,更多人选择将城市作为工作和生活的场所,但乡村地域仍承载着大量人口,乡村地域的居住和生活功能仍然十分重要。政府应持续加大资金投入力度,加快乡村地域交通、水利、能源、信息等工程建设,逐步建立全城覆盖、城乡一体的教育、医疗、安保、环卫、物流等社会服务网络,并通过土地整治、村容治理等优化村域居住环境,提升乡村地域的居住和生活功能。

(4) 传承乡村文化

乡村以其特有的自然和人文景观,承载着传统历史文化的价值。河南省作为文化资源大省,也存在着乡村文化供需不平衡等问题,要从更深层次凝练乡村文化的理念、知识和制度,破除愚昧,要建立文化遗产长效保护机制,挽救和恢复即将消失的传统文化,要鼓励、重视民间文化技艺的保护传承,要引导村民充分参与乡村建设,完善乡村文化硬件设施,使村民成为乡村建设的主体和传统文化的传承者。

2. 县域经济功能区优化策略

在遵循总体优化目标的同时,未来的乡村发展还应凸显不同地域主导功能,壮大和扩充比较优势功能,走特色化发展模式,因地制宜采取差异化的乡村地域功能优化策略。

(1) 均衡发展型县域的功能优化策略

均衡发展型县域在空间上比较分散,既有乡村地域功能现状的相似性,又有区位、资源等发展条件的差别,未来的发展需要充分考虑当地功能发展需求,结合自身优势,从产业发展、人才引进、生态保护等多方面进行全面规划,采取因地制宜的乡村功能优化策略,尽快壮大优势功能。

镇平县、方城县和舞钢市处于山地丘陵区与平原、盆地的过渡地带,平均海拔为170~260 m,已培育出具有竞争优势的奶牛、金鱼、花卉苗木、黄金梨、金木瓜、裕丹参、莲藕、水蜜桃等特色农业产业,未来应继续发展高效优质生态农业,提高果蔬、菌菇、药材、烟叶等经济作物的种植比例,扩大生态种养殖规模,建设现代化农副产品加工园,增强农业生产功能和经济发展功能。

宜阳县、伊川县、修武县和汝州市处于低山丘陵区,平均海拔均在300 m

以上，地形起伏较大，多紧挨地级市市辖区并且距离中部城市群较近，有一定的区位优势。未来应充分发挥天然资源和区位优势，挖掘本土特色，避免"千村一面"，打造与周边旅游休闲优势型县域、生态旅游并重型县域互补的特色旅游产品；加大对山区的生态保护力度，保持区域发展的生态环境优势，因地制宜适当发展农业，宜林则林，宜牧则牧，积极争取生态补偿、惠农支农等政策扶持。

安阳县和卫辉市紧挨所属地级市市辖区，京广铁路、107国道和京港澳高速纵贯全境，未来应积极引进城市中心区的企业转移，吸收农业剩余劳动力就业，提升乡村居民的收入水平，改善乡村人居环境质量。

中牟县隶属郑州市，位于郑州市和开封市之间，南距新郑国际机场仅25 km，2019年入选全国投资潜力十强县，农业基础雄厚，是郑州市的"菜篮子"，今后应继续发挥资源和区位优势，加快发展都市生态农业，打造集游览观光、教育科普、会议培训为一体的综合农业生态示范园区，利用"互联网+"技术创新体验式农业旅游新模式。

（2）农业生产优势型县域的功能优化策略

对农业生产优势型县域而言，农业是维持农户生计的重要生产活动，要继续加强对耕地的保护，严格控制宅基地对耕地的不合理占用，结合城乡规划逐步进行空心村土地整治，同时完善农田水利设施，进一步提高防旱抗旱能力，推广保护性耕作技术，进一步提升耕地的产出能力，保障农产品高产、优质发展。

此外，在农业生产中应减少化肥、农药的使用，通过精准施肥、增施绿色有机肥等多种途径科学改良土壤肥力条件，合理引进生物措施、工程措施防治农作物病虫害，优先使用可降解地膜，减少农村面源污染，并结合农村道路网和水网适当营造农田防护林带，改善生态保育功能。

在经营结构方面，应重视种植业结构调整，做到以粮为主、多种经营，如在城镇周边乡村建立花卉苗木、鲜果采摘、蔬菜种植等高附加值的劳动密集型现代农业基地；优化种养殖结构，利用余粮和秸秆等发展畜禽养殖，形成具有一定规模的畜禽优势产区；大力发展农产品加工业、畜禽产品加工业及食品制造业，培育优势农副产品加工企业和自主品牌，延长产业链条，提高农产品附加值，促成以工带农、以农促工的良性互动关系。为促进产品营销，应发挥河南省修建"米"字形高铁线路的优势，进一步完善公路网、电网和无线网，畅通人流、物流、资金流和信息流输送体系，并引入"互联网+农业"营销模式，发展农村电子商务，广泛开拓特色农产品出口市场。当以上产业规模扩大时，当地村民可以居乡兼业，拓宽就业增收途径，同时政府还需加大投资力度支持乡村基础设施和公共服务配套设施建设，使居住生活功能和经济发展功能得到同步提升。

(3) 经济发展宜居型县域的功能优化策略

经济发展宜居型县域有着发展经济的绝对优势。其中，郑州、洛阳、新乡、焦作和许昌5市的周边县市未来应利用本地区位优势和经济基础，继续完善产业配套设施，承接城市核心区的产业转移，加快科技创新型产业发展，做大做强优势产业，树立品牌效应，推动乡村经济发展再上新台阶。位于河南省东北部的范县和台前县与山东省多个县域相邻，有重载铁路过境，同时也是中原油田油、气主产区，未来应立足本地交通、资源和区位优势，加强基础设施建设，完善基本公共服务功能，促进招商引资，深化产业结构调整升级。此外，经济发展宜居型县域也应从以下几方面优化乡村地域功能。

①重视和改善生态保育功能。应提高企业准入门槛，拒绝严重破坏生态环境的企业进入乡村；引进技术、设备和人才改进现有企业落后的生产工艺，逐步淘汰用水量大、高耗能、高污染的企业，加快企业改造升级；通过植树造林、环境治理、尽快落地垃圾分类政策，积极修复和改善乡村生态环境。

②经济发展宜居型县域人口密度较大，应进一步完善乡村基础设施和公共服务配套设施建设，优化乡村人居环境，提升乡村居住生活质量。

③对乡村地域生产生活空间进行合理规划和建设，提高建设用地利用集约度，减弱城市扩张对耕地和生态环境的不利影响，杜绝乡村工业发展任意占据耕地的现象，确保耕地数量不减少、质量有提高；完善土地产权市场，促进农地承包经营权流转，使农业向适度规模化和专业化发展；在城郊乡村推进设施农业集约高效化生产，通过社区支持、农超对接等方式稳固供求关系，满足城镇居民对新鲜果蔬的消费需求，增强乡村的农业生产功能。

④挖掘乡村特色旅游资源，迎合都市居民向往田园和乡土情结的精神需求，实现乡村文化传承、本土特色塑造与旅游业的协同发展；对废旧工厂加以改造，开展工业旅游并发挥科普教育作用，激活乡村旅游休闲功能。

(4) 生态保育优势型县域的功能优化策略

生态保育优势型县域未来应继续加强生态环境保护与建设。要严禁毁林开荒、坡地开垦等不合理的土地利用方式，科学管理自然保护区，恢复植被、涵养水源，要积极组织开展水土流失综合治理工作，维护森林生态系统的完整性和生物多样性，强化生态保育功能。要重视矿山开采过程中并发的生态环境问题。要稳步推进城镇化和社会主义新农村建设进程，创造更多生态就业岗位，稳固乡村居住生活功能。

以"绿水青山就是金山银山"为理念,从资源开采型经济逐步向内涵式经济发展,具体措施有:

①在不损害自然环境的前提下,以山岳、森林生态旅游为核心,适度发展消暑度假旅游,打造生态型优质旅游产品。

②培植具有地方优势的农产品,重视农业特色资源的延伸利用和深度加工,如扩大灵宝苹果、桐柏朱砂红桃、桐柏玉叶、商茯苓、金钗石斛等农产品的品牌效应,在适宜地区扩大特色林果业的种植规模,推动中药材、食用菌等农产品种养加工一体化生产基地建设。

③保护好丹江口水库、大别山泉、洛宁高锶富硒矿泉水等优质水源地,提高矿泉水品牌知名度,开拓市场范围。

(5) 文化传承优势型县域的功能优化策略

文化传承优势型县域未来应高度重视和积极改善生态保育功能,在未来的产业发展中应优先发展壮大乡村特色文化产业。具体措施如下:

①完善水电路网等基础设施建设,夯实乡村文化产业发展基础。

②政府做好顶层设计、加强规划管理并给予政策支持,鼓励民间资本注入,形成特色文化产业集聚区。

③通过搭建学术会议、技能比赛等交流平台,建立师徒结对、高校培养等多元化培训机制,拓宽从业人员培训渠道,形成文化产业集聚的人才优势。

④妥当处理传承与创新的关系,激发文化产业创新活力,提供符合当代人审美需求的文化产品和服务。

⑤完善特色文化产业链条,优化和提升产业集聚区,如通过高端化、多元化文化产品开发横向延伸产业链条,通过"玉产业+旅游""钧瓷产业+旅游"等纵向延伸产业链条。

⑥加强自主优势品牌建设,做好品牌的策划、宣传和营销。

⑦巧用农耕元素、特色文化、传统民居、自然景观等进行村落旅游规划设计。

⑧举办民俗节庆、会议和论坛等活动,搭建电商平台,加强与互联网旅游平台的合作,强化对乡村旅游的宣传营销。

(6) 旅游休闲优势型县域的功能优化策略

旅游休闲优势型县域未来应继续发挥旅游资源和区位优势,以深化乡村地域的旅游休闲功能为主,并改善其他功能。具体可采取以下措施。

①进一步完善水、电、路、网等基础设施和行、住、食、购、娱等旅游配

套服务设施，提升旅游服务水平和乡村居住生活质量。

②针对本类型县域传统村落较多的情况，加强规划引导，引进社会资本，让村民充分参与，在保护的基础上强化对传统村落的旅游开发，实现村庄基础设施和风貌的改善，合理优化建筑的参观或民宿功能，更多满足度假旅游需求。

③密切核心景区的联系程度，以"全域旅游"加强县域旅游景区空间体系建设。

④根据旅游景区规模、资源特征、时间、路程、消费水平，打造适合不同消费人群的差异化旅游方案，如适合老年人的健康养老生态基地度假规划、适合都市区上班族的周末休闲游精品线路和适合中学生的一周左右的暑期乡村社会实践线路等。

⑤加强景区与乡镇的融合，通过旅游环线将景区体系与城乡聚落和旅游服务中心串联起来，使景区带动乡镇的发展。

⑥推动乡村旅游与健康、体育、文化、农业、农副产品加工等产业融合发展、互促共进，实现经济发展更加多元化。

⑦跟进"互联网+乡村旅游"时代消费需求，开发特色旅游产品，形成旅游品牌，进一步提升景区知名度，扩大景区服务范围。

⑧利用"互联网+""旅游+"平台进行农副产品和手工艺品销售，提高乡村居民收入水平。

（7）生态旅游并重型县域的功能优化策略

对于生态旅游并重型县域而言，应深切体会"绿水青山就是金山银山"的生态经济发展理念。未来的发展，首先应高度重视生态环境保护，在已被列入国家生物多样性维护型重点生态功能区的伏牛山国家级自然保护区，应维护与重建森林生态系统，禁止乱捕滥采，加强外来物种管理，加强自然保护区的监测机制，为野生动植物创造优良的生长环境；其次要严格按照相关政策加大对禁止开发功能区的保护，使其发挥生态屏障作用，继续保持和优化生态保育功能。另外，还可以以生态保护为前提开展多种经营，提高村民收入，具体可采取以下措施：

①在旅游景区的开发建设和运营中，要以"原生态"为核心，协调好景区开发建设与生态环境保护的关系，最大限度降低对生态环境的损害；要完善乡村基础设施和旅游配套服务设施建设，合理安排景区游客容量，加强旅游景区的规划和管理工作，提升旅游服务质量，增强景区的吸引力。

②在农业生产方面，要发挥山地丘陵区的生态优势，在条件适宜的地方发

展高山蔬菜、菌菇药材、生态养殖等林下经济，适当扩大特色林果茶的种植规模，提高农民收入。

③要完善生态环境补偿机制，制定有利于保护生态环境的奖惩措施，探索地区间横向援助机制，使生态环境受益地区以资金补助、定向援助、对口支援等形式，补偿重点生态功能区因生态环境保护而受到的损失。

（二）河南省县域农业发展优化策略

水土资源是农业生产的主要载体和重要原料，因此要实现农业碳减排就要合理进行水土资源开发，根据区域实际生产条件优化水土资源配置。低碳、节能、节水农业是未来农业发展的必然选择，也是农业发展转型的主要方向。基于此，本节对未来河南省低碳农业发展提出以下建议。

1. 完善农业低碳发展的政策法规

党的十九大报告指出要实现乡村振兴战略，农业农村要优先发展。河南省农业发展正处于转型和升级的关键期，存在发展空间进一步拓展、发展动力更加多元化的有利条件，同时还面临着水土资源错配、农业资源与环境进一步约束等挑战。政府是农业转型和升级的关键，要想使农业转型和升级成功，就要保障农产品的有效供给、农民的持续增收和农业的可持续发展，不断强化政府在法律法规中的引导作用，逐步完善农业农村环境保护政策法规体系，加强秸秆焚烧的整治力度。针对农业生产物资（化肥、农药、农膜）企业，要严格把控质量生产环节，同时要不断优化生产技术条件，重点研发高新节能的生产技术，推动产业转型和升级。

农户是农业生产开发的实践者，是农业生产的基石。调研发现，大部分农户在进行农业生产时，对农作物的物资投入往往会过量，一般是依托经验、参照本区域经济效益和农产品收入较高的农户投资情况或农资店店员的指导进行农业生产的。由于豫北地区的农业碳排放强度高于其他地区，因此适宜率先在该地区开展农业低碳发展试点工作，优化农业生产技术，转变农户生产投入观念，在保障粮食安全的情况下优化农业生产投入水平。

政府要想坚持绿色兴农的长远战略，把绿色发展作为农业转型和升级的必要条件，就必须让广大农户认识到绿水青山就是金山银山的理念，从思想上转变农户的生产观念，推进农业生产绿色、节能化发展，实现资源的高效利用和环境的健康发展。政府可以充分利用农业技术推广站、农资店的中间媒介作用，引导农户进行合理的农业生产投入，同时要加大农业低碳发展的补贴力度，从源头入手，针对农业生产必不可少的化肥、农药等物资设置"测土配方施肥、施药"补贴，为农户树立"合理的物资投入能得到较高的农产品和经济收益"等观念，让农户既减少了农业生产投入又节约了成本，同时还有利于农业生产方式的转变，以此来构建现代农业生产体系。

2. 优化水土资源组合开发模式

河南省农业水土资源差异较大，造成水土资源错配严重，同时为了保障粮食安全和农业的发展，人们投入了过量的物资和能源，不仅造成了资源的浪费也严重危害到环境的健康发展。因此，要实现农业的可持续发展，首先就需要优化区域水土资源组合开发模式，改变水土资源的利用方式，实现农业的绿色发展和资源的循环利用。在农业生产过程中，土地资源是直接作用对象，农业生产的物质投入也大多集中于此，为实现未来河南省农业生产的发展目标，需要不断优化农业生产过程中的投入组合，减少人类投入和资源消耗，重点提高土地资源的产出效率。水资源的含量及农业水利设施完善度直接决定了区域的灌溉方式，遵循节约用水的原则，农业需水量较大、水资源量较小的区域要优先发展和推广节水技术，加快完善区域基本农业水利设施建设，改变农业大水漫灌方式，提倡喷灌和精准滴灌，提高水资源的利用效率。同时，还可以在保障粮食安全的前提下改变农作物的组合方式，尽量种植需水量小、耐旱的农作物，保障区域水资源的有效利用。

不同区域的生产条件、土壤质地、自然环境会影响到实际农业投入产出的生产效率，同时，在自然、人为二元影响因素下，农业水土资源的投入与产出具有较大差异。为保障粮食安全与农业的可持续发展，河南省需要不断探索自然环境约束下区域的最优农业水土资源开发组合模式，同时以区域较小的农业生产单元为试点，探究一条适合区域实际生产条件的特色农业发展道路。例如，农业生产效率较低的县域（Ⅳ、Ⅴ类）主要分布在山区，需因地制宜，结合主要影响因素，不断提升土地的质量和等级，尝试果粮结合的套种模式，充分利用优势自然条件，扬长避短，提升农业生产效率。

3. 加强农业基础设施建设

（1）提高区域的农业生产效率

河南省不同区域农业基础设施、农业生产条件差异较大，要想减少农业物资和能源的使用，减少温室气体排放，就要提高区域的农业生产效率，主要可从以下几个方面做起：

①扩大农机装备规模。大力推进农业生产机械化水平，优先装备紧缺型农

业机械，不断更新具有区域特色的核心机械化技术设备，提高农业机械的智能化、信息化水平。重点装备农作物智能化多功能机械，积极推进农业生产全面全程全机械化。

②加快水利工程体系建设。加强农业基础水利建设和农业灌溉用水管理，完善区域灌溉排水体系，不断推进重点灌溉区建设，优先发展适合区域自然环境的节水技术、灌溉方式，建设配套节水改造项目。

③强化农业的科技创新。开展农业重点、难点工程的科技研究工作，提升农机装备的智能化水平，不断推进农业耕作水肥一体化、机械深耕等模式，开展区域测土配方施肥、生物施肥，推广生物农药、专业高效农药，扩大物理防治、生物天敌防治病虫害的耕地面积。

（2）推广区域规模化发展

①低碳高效区。根据河南省农业的未来发展需要，政府应先总结该类区域农业生产的相关经验，再确定合适试点发展低碳农业，探索适合当地农业发展的生产模式，最后以试点为基础，实现从"点"到"面"的逐步推广。

②高碳低效区。该类区域需要调整生产模式，鼓励开展土地规模化经营。政府需投资完善农业基础水利设施，加强水利设施的监管力度，改进现有的灌溉方式，推广节水节能新技术，同时还应加大农机的优惠和补贴力度，提高当地的农业机械化率。

③高碳高效区。在未来的发展中，政府需要发挥引导作用，利用农业技术站推广适宜当地环境的耕作模式和管理方式，帮助农户制订合理的投资计划；加大农机购买的优惠政策，提高农业机械化率；充分利用农户种植的积极性，打造"人工-机械"的二元生产模式，提高农业生产效率，减少农业碳排放。

④低碳低效区。该类区域应在完善农业水利设施的基础上充分调动农户的种植意愿，适当加大劳动力和资源投入，提高作物的管理水平，实现"低碳高效"。

4. 开展农业精准管理

河南省不同区域单元自然环境、农业生产条件差异明显，农业生产过程中投入产出潜能也大不相同，因此要因地制宜，探究适合区域自身发展特色的农业生产投入模式。本节依据农业生产投入产出的结果把河南省划分为不同的区域，构建不同区域农业发展潜能评价体系，并进行农业潜能分级。不同区域的农业生产有利条件和潜能大小决定了农业发展模式和农业发展方向。为实现区域农业的精准治理，河南省应加强对农村农户的调研，了解农业生产的直接物资和能源投入，根据农户的实际需求和土地的生产条件合理制定对应的生产模式，依据区域水土资源承载力进行农业生产布局，因地制宜发展农业水土资源组合开发模式，在豫西及豫北平原等缺水地区大力发展旱作农业，优化发展适合区域的节水灌溉模式，调控高耗水作物的种植面积，大力发展节水工程技术，提倡喷灌、滴灌等节水灌溉方式，同时增强居民的节水意识。针对不同类型区域的精准治理如下：

①水土丰富区。在该类区域，主要采用节能减投型生产模式，大力开展测土配方施肥，对于化肥和农药减少较多的区域要重点研发"肥药一体化"生产技术，推广农作物的物理防治和生物有机肥使用，从源头上减少物资投入。

②水多土少区。在该类区域，主要采用节水减投型和耗水减投型生产模式，要重点管控农业土地资源开发中的物资投入，使化肥、农药、农膜的用量不超过现有水平，同时要根据县域水资源量的特点进行优化，实现水资源的充分利用。

③水土缺乏区。在该类区域，主要采用节水减投型、保水增投型和保水减投型生产模式，由于该类区域水土资源缺乏，需根据区域投入水平、土地资源和水资源量开展农业生产，但要严格管控农业用水量，保证农业用水量的不增加。

④水少土多区。在该类区域，主要采用节水减投型和保水减投型生产模式，由于该类区域土地资源较多、水资源较少，可开展土地的规模化经营，通过扩大土地的规模化经营面积减少投入，同时农业用水量的供需矛盾较大，要重点发展节水节能技术，改变现有灌溉方式，不断提高水资源利用效率。

（三）河南省县域经济发展异质性消融对策

首先，要转变观念，理性认识县域经济发展差距的价值所在。就县域经济之间的均衡协调发展而言，县域经济的异质性问题会构成经济高质量发展的严重阻碍，但就县域经济的发展动能和机会发掘而言，县域经济之间的发展差异性蕴含着大量的学习交流互动机遇，存在着要素流动共赢的环境条件，存在着要素结构优化和资源配置效率提升的空间，蕴含着后发优势的打造条件。要转变观念，变被动为主动，深入探索、及时把握县域经济发展异质性中所具有的方方面面的赶超机遇，从商业模式到运营模式，从管理模式到技术引进模式的差距赶超中，发掘和利用县域经济发展的潜力机会。

其次，要高度重视交通和信息等基础设施建设，持续改善县域经济的区位优势。便利快捷的交通和信息等基础设施可在空间地域上提升区位优势，促进经济发展要素的自由流动与快速集聚，促进各类产业集群的形成和发展园区的构建，对促进县域经济发展的价值重大。要高度重视交通和信息等基础设施对县域经济发展的至关重要性，未来仍需不断有针对性地加大对交通和信息等基础设施的投入，优化交通和信息等基础设施的功能结构。

再次，要树立绿色价值理念，挖掘绿色生态蕴含的生产潜力。要结合乡村振兴战略的实施，积极推进生态文明村镇创建活动，着力打造宜居宜业的美丽乡村。特别要注意挖掘发展相对落后县域的特色优势生态资源，串联县、乡、村三级，融合第一、第二、第三产业，推动文化旅游、休闲养生等多业态融合发展，打造县域经济高质量发展的强力引擎。

最后，要抢抓机遇上项目，努力实现县域经济的跨越式发展。要不断创新招商模式；要打破县域经济的地域束缚和行政局限，积极探索打造优势互补、利益共享的"飞地经济"，实现县域之间取长补短、双赢多赢；要利用县域资源禀赋的特色优势，探索依托特色小平台催生县域大产业之路，实现县域经济新突破与高质量发展。

（四）河南省县域经济协调发展对策

1. 培育增长极

增长极理论包括极化效应和扩散效应。极化效应是指选取某个特殊区域优先完成资源配置，有意识地将周边人才、资金、技术等要素进行跨区域转移，围绕某特殊区域进行核心建设，集中资源促进特殊区域全面发展。极化效应的缺点就是抑制周边区域的经济发展。扩散效应与极化效应的内容相反，核心区域经济发展将会从人才、资金、技术等各方面向周边区域产生辐射带动作用，进而逐步缩短核心区域与周边区域的经济差距。

河南省经济发展较为突出的县域是以中部和北部为核心的郑州市、洛阳市、焦作市的附属县域，而经济发展落后的县域多集中在南部和东部。郑州市作为河南省的省会城市，是河南省政治、经济、文化中心，同时郑州市位于横跨南北纵跨东西的铁路枢纽位置，是中原城市群的核心，郑州市拥有三大国家级经济战略和航空港综合试验区，综合经济实力雄厚。郑州市在自身综合经济实力全面发展的同时也表现出明显的扩散效应，许多经济项目能够为周边县域带来较多外资支持，这种扩散效应将随着郑州市经济发展水平的提升而变得更加明显。

河南省经济较为落后的县域能够利用周围经济发展水平较高地区的辐射带

动效应，促进自身经济发展，同时落后县域要提升自我建设能力，可以集中资源优先发展某个中心城镇，进而通过和周边县域的联动形成产业集聚区，从而形成该区域的经济增长极带动周边县域进一步发展。

2. 承接产业转移

产业转移是指由于资源供给或产品需求条件发生变化，经济发展水平高的区域内的部分企业顺应区域比较优势的变化趋势，将部分产业转移到欠发达地区的现象。经济发展阶段的不同意味着产业类型的不同，产业转移既能实现经济发展水平较高县域的产业升级和类型结构良性调整，又能带动落后县域的经济发展，密切不同县域在产业发展上的关联，明确各自分工，有助于缩小县域经济差距，实现整体经济的协调稳定发展。

河南省各县应当依据自身区域优势和产业特色进行分工合作、产业互补，发展具有地区代表性的产业，不同地区间应当构建完善、分工明确的产业合作机制，减少恶意竞争的情况，各地区应当在省政府产业布局指导的基础上，进行地方发展目标的设定，依据地区特点选择产业承接区域。安阳、鹤壁、淮阳、三门峡等工业性代表城市，区域内部具有一定的工业技术优势和人才优势，可以在较短时期完成与其他地区的产业对接，在省内形成产业承接的示范基地。以商丘、信阳、驻马店、周口为代表的传统农业城市，要积极实现农业现代化建设，同时，要努力抓住时代背景下劳动依赖型产业向中部地区转移的关键机遇，推进县域工业化进程。洛阳和济源两市自身具有较强的工业实力和大型国企工业产业园区及诸多重点国家工业项目，更需要主动进行产业转移，重点投资建设支柱产业。以三门峡、平顶山等为主的矿产型城市，其经济发展的主要动力来源于对矿产资源的开采，要合理规划，实现资源的可持续开发利用。政府应当鼓励和协调经济发达地区与落后县域之间的经济联系，在落后县域重点建设具有扩散和辐射带动作用的项目，以此对周边落后地区经济发展起到激励和促进作用。

3. 提高劳动力质量

河南省人口基数大，劳动力在数量上优势明显，但整体的质量过低，多数劳动力受教育程度不高，技术能力较弱，直接导致劳动生产效率低，这种劳动劣势在经济落后的县域更为突出，可以说缺乏高素质、高技能的人才是限制区域发展的关键。对此，政府应从以下几方面入手：

首先，要提升区域内整体从业者的素质，政府可以通过调拨教育资金完善落后县域教育普及范围，保证适龄孩子能够正常接受基础教育，引导学生接受完善和系统的认知教育。

其次，要提升区域内整体从业者的技能，政府可以通过与专业技能院校合作，在落后县域建立技能培训机构，培养高素质的从业者和技能型人才。

最后，要解决劳动效率过低问题，政府可以出台相关的激励政策和奖励机制对工作成绩突出的企业进行奖励，形成一种高效生产的激励机制进而提升县域单元的生产效率。

4.加强欠发达县域基础设施建设及政策优惠

建立健全基础设施是保障区域经济稳定增长的重要手段。基于河南省县域经济基础的差异，不同地区的基础设施建设状况大不相同，部分落后县域财政收入来源少且不稳定，没有多余资金完善基础设施，因此经济条件较差的县域通常基础设施的完善程度不高，而落后的设施建设将会阻碍区域吸引外商投资、承接东部产业转移，限制经济的进一步发展，由此形成经济止步不前的闭环。面对这种依靠县域自身实力无法解决的建设问题，需要上级政府加强对落后县域基础设施建设的资金支持，如借助财政的转移支付手段，引入外部资本参与落后地区的经济建设。

政府可以通过税收、财政和金融领域的政策扶持手段提升落后地区的经济发展水平，按照政府自身的财政能力和地区落后标准，匹配和实施对应条件下的税收优惠政策和用地优惠政策，调动农民参与市场的积极性，削减企业税收负担，构建良好的个体和组织经济发展环境，以吸引更多外出务工人员回乡创业。

参考文献

[1] 刘禹宏，蔡志强，吴爱东. 县域经济发展与"三农"问题研究[M]. 杭州：浙江工商大学出版社，2010.

[2] 张晓山，杜志雄，秦庆武，等. 城乡统筹与县域经济发展[M]. 哈尔滨：黑龙江人民出版社，2010.

[3] 王建康，王宁锴. 县域经济的包容性增长[M]. 西安：陕西人民出版社，2012.

[4] 王德第，荣卓. 县域经济发展问题研究[M]. 天津：南开大学出版社，2012.

[5] 吴殿廷，杨欢，郭来喜，等. 县域经济的转型与跨越发展[M]. 南京：东南大学出版社，2013.

[6] 滕冲，曹汝华. 金融部门服务县域经济的思考与对策[M]. 北京：中国金融出版社，2013.

[7] 李春香，彭智敏. 水利工程建设与县域经济可持续发展[M]. 武汉：湖北科学技术出版社，2014.

[8] 张天柱. 县域现代农业规划与案例分析[M]. 北京：中国轻工业出版社，2015.

[9] 索贵彬，王哲. 我国矿产资源型县域经济可持续发展问题研究[M]. 北京：地质出版社，2015.

[10] 王梁. 县域农业主导产业选择及生态适宜性预测研究[M]. 济南：山东人民出版社，2015.

[11] 初钊鹏. 包容性增长视阈下的环首都县域经济区产业发展规划研究[M]. 北京：经济科学出版社，2015.

[12] 柯玲. 新常态下县域经济转型升级发展战略研究：以黄陵县为例[M]. 北京：知识产权出版社，2017.

[13] 李建伟，刘涛，赵振芳，等. 新时期县域经济发展模式与案例研究[M]. 北京：中国市场出版社，2018.

［14］江激宇，张士云．城乡融合视角下县域经济协调发展研究［M］．合肥：中国科学技术大学出版社，2018．

［15］张新爱，张志红，宗成华．服务业与制造业共生演化发展研究［M］．石家庄：河北人民出版社，2018．

［16］陈东强．县域产业布局与县域经济发展［M］．北京：光明日报出版社，2019．

［17］梁艳菊，高志国，姚斯杰，等．县域生态经济规划理论［M］．北京：经济管理出版社，2019．

［18］樊丽英．县域经济可持续发展与环保政策选择运用浅析［J］．才智，2015（36）：2．

［19］陈素芬．浅析红色旅游与县域经济的可持续发展［J］．商场现代化，2017（18）：186-187．

［20］柳丽．产业经济对经济可持续发展的推动作用研究［J］．经贸实践，2017（13）：124．

［21］宋雅楠．县域特色经济评价体系及可持续发展的思路探析［J］．经济师，2017（11）：163．

［22］郭晓红．县域经济可持续发展中的问题及对策研究［J］．农村经济与科技，2018，29（24）：163．

［23］魏如约．乡村旅游促进县域经济发展的调查与思考：以安徽省池州市石台县为例［J］．商场现代化，2018（6）：170-171．

［24］王帆．县域经济可持续发展的共享模式研究［J］．农村经济与科技，2019，30（8）：178-179．

［25］陈格．嘉陵江流域区域经济可持续发展创新路径探析［J］．农村经济与科技，2019，30（17）：220-221．